TRANSMISIONES DEPORTIVAS

CLAVES PRÁCTICAS PARA EL PERIODISTA ESPECIALIZADO

FABIÁN **GODOY**

Transmisiones deportivas/ Godoy Rajoy, Fabián Enrique - 1a ed. - LIBROFUTBOL.com, 2021.
154 páginas; 15,2 x 22,9 cm.

ISBN 978-987-29294-6-6

1. Fútbol. 2. Anécdotas. I. Título
CDD 796.334

TRANSMISIONES DEPORTIVAS
de FABIÁN GODOY

Diseño de cubierta: Luciano Medvetkin
Diagramación interior: Luciano Medvetkin
Foto del autor: © Fabián Godoy

LIBROFUTBOL.com
Olga Cossettini 1112 - oficina 8F - Ciudad de Buenos Aires - Argentina
ediciones@librofutbol.com - whatsapp +54 9 11 2215 1982

1ª edición: marzo 2021

ISBN 978-987-29294-6-6

ÍNDICE

A mi verdadero equipo de transmisión, único e incondicional: Tomás, Juana y Mariana

PRÓLOGO

POR FERNANDO PACINI

Cuando Fabián me comentó la idea de publicar este trabajo, primero, me pareció una idea fantástica; y segundo, me pregunté cómo iba a hacer para acomodar tantos detalles de modo de no abrumar y sin caer en tecnicismos que pudieran volver inextricable la lectura. Lo hizo perfectamente. Presumo que por su generosidad para compartir sus experiencias y por su calidad para comunicar, siempre anteponiendo la serenidad, la reflexión y el cuidado de las palabras.

Una cosa es tener el conocimiento y otra, poder disponer de él. Todos reconocemos las letras del alfabeto; todos las sabemos perfectamente. Pero tenerlas ordenadas en el abecedario, nos permite buscar fácilmente en el diccionario. Lo vuelve una tarea sencilla. De otro modo, sería muy dificultoso.

Esa es la importancia de ordenar, de clasificar. Nos amplía la capacidad de elección, nos hace más

fácil registrar adecuadamente. Fabián Godoy hace el trabajo por nosotros. Él da el puntapié inicial. Y lo hace con minuciosidad, criterio y pasión.

Cada quién podrá completarlo con sus propias experiencias. Una de las grandes virtudes de este trabajo de Fabián es que está incompleto. Nos invita a agregar los detalles que surjan del enfoque personal, de los estilos y demás. Pero no hay nada que quitarle. Todo lo que está es de magnífica utilidad, una guía imprescindible para quienes aspiren a ejercer cualquiera de los oficios que demanda una transmisión deportiva.

Este libro consagra la formación y la preparación profesional, resalta los enfoques conceptuales, nos invita a abandonar preconceptos y nos entrega decenas de herramientas, que estaban más o menos secretas, de cómo ejercer cada rol. Detalles de cómo delimitar las zonas del campo para segmentar el relato, o cómo alternar la mirada en una presentaciónn televisiva, o qué lenguaje es conveniente utilizar dependiendo de si la emisión es local, regional o internacional. Son informaciones que, hasta ahora, permanecían inaccesibles para quienes se están formando en el oficio.

Cada recomendación está sostenida con rigor. En estas hojas hay pasión, amor por el fútbol y una observación quirúrgica de cada elemento que compone una transmisión deportiva. Y, como si fuera poco, el libro está escrito con elegancia y sencillez. Es casi imposible no leerlo de una vez. Y es casi imposible no releerlo.

Ojalá hubiera existido este libro cuando los periodistas de mi generación comenzábamos a andar. Estábamos llenos de preguntas e inquietudes que solo la práctica iba despejando. La práctica y algún formador generoso capaz de dispensarnos su tiempo. Pero todo llegaba de manera caótica, desordenada... Hasta ahora.

Fernando Pacini
Comentarista de fútbol

NOTA DEL AUTOR

Estas páginas nacen de la fusión de dos de las pasiones más importantes de mi vida: periodismo y docencia. También del amor al fútbol como juego, como expresión cultural, como un llamador permanente del corazón. Saber contarlo supone una tarea sencilla ya que, en definitiva, todos tenemos la firme convicción de conocerlo en profundidad. Después de tantos años mirando, escuchando, haciendo, descartando y aprendiendo del ambiente en el cual me desempeño; decidí poner en palabras ese motor cotidiano que me impulsa a tomar cada transmisión de un evento deportivo como algo único e irrepetible reconociendo, además, las dificultades que surgen al intentar una empatía no siempre lograda.

No es un libro autorreferencial pero tomaré de mi experiencia algunas herramientas que pretendo compartir con aquellos que sientan curiosidad por este mundo fascinante. Sin la pretensión de convertirlo en una guía de lo bueno y lo malo sino con áni-

mos de encontrar un lugar para seguir aprendiendo el oficio de contar.

El conocimiento debe ser compartido. De nada sirve tenerlo como un tesoro escondido ya que siempre estará incompleto. Cada paso realizado le suma un renglón más a su escritura convirtiéndose en un movimiento infinito: cada vez que hago, aprendo algo nuevo. Así sucede en nuestro trabajo ya que un acontecimiento no es igual ni al anterior ni al siguiente. Esa falta de rutina atrapa, seduce y engaña genera una falsa sensación de confort ya que la exigencia es recurrente, la sorpresa permanente, el aprendizaje constante. No hay espacio para bajar la guardia ni para creer que llegamos a tierra firme.

Sin embargo, existen algunas pautas, algunos puntos valiosos que convienen saber antes de pretender ser parte de lo que me gusta llamar la "Mejor Profesión del Mundo". Esos 'pequeños secretos' son los que aparecerán en las siguientes líneas sin ánimo de convertirlo en un acto de generosidad sino en un conjunto de herramientas que sirvan para quienes las buscan por curiosidad o deseo.

INTRODUCCIÓN

La función básica de un periodista es informar. Ese proceso, natural a la vista de todos, requiere de una serie de elementos indispensables para conseguir el objetivo. No se puede contar un hecho sin comprenderlo. Tampoco tomarlo a la ligera ya que el modo de expresarlo condiciona la recepción del mismo. Saber seleccionar el 'mensaje' facilitará su entendimiento generando en el oyente o televidente la posibilidad de pensarlo, analizarlo y de conseguir lo más valioso del circuito: formar opinión.

Un acontecimiento deportivo no escapa a la norma anterior. La relevancia de lo que suceda en un campo de juego la entregarán los propios protagonistas, el contexto, el ambiente y las circunstancias. El hecho a mirar no sufrirá alteraciones de quien lo observe para describirlo pero podría desnaturalizarse si no se cuenta de manera correcta. El receptor, aún en el estadio, necesita la voz de un tercero para comprender lo que está pasando. Lejos de una supuesta subestimación, este fenómeno se ha transformado en una costumbre que inclusive pudo amoldarse al voraz avance de la tecnología. Existen más plataformas de información pero un grupo de personas contando un evento en vivo y simultáneo todavía sigue siendo muy atractivo.

El emisor deberá asumir esa responsabilidad con pleno conocimiento del alcance de la misma. Lo que diga y cómo lo diga provocará un efecto inmediato en quien reciba el mensaje. El valor de la palabra cobra una importancia vital, el buen uso del vocabulario y la riqueza del mismo ayudarán a desempeñar la tarea con un margen de error inferior. Ya veremos más adelante la relevancia del mismo y el poder que ejerce, sobre todo, cuando el evento a describir se emite en formato radial.

El modo de expresar, las palabras elegidas para hacerlo tendrán poco resultado si no son respaldadas desde el concepto y utilizadas con criterio. Las mismas podrán tener un efecto encantador, seductor al oído, pero caerán en un vacío profundo que solo provocará sensación de hartazgo en el oyente. Tampoco servirá un caudal abundante que impida pausas, saber gestionar los silencios es una virtud poco valorada, pero necesaria para 'aligerar la carga' y conseguir la meta buscada.

El concepto no se compra en ningún negocio. Nadie puede acercarse a un mostrador y pedirlo como mercancía. Es inherente al conocimiento previo del profesional, a su formación, al entusiasmo de seguir llenando la cabeza de sabiduría, a la pasión por alimentarlo. También al gusto personal aunque éste vaya en coincidencia o no con

el acontecimiento a describir. Aquí debemos tener la lucidez necesaria para saber diferenciar lo que vemos de lo que queremos ver para no caer en un preconcepto que perturbe el análisis ni lo distorsione. El fútbol, como juego, necesita una estrategia que acerque a un equipo a conseguir el resultado pretendido. Muchas veces, ese plan puede ser contrario al sentir de quien lo está narrando situación que no valida el castigo sistemático. Marcar gustos es un acto de honestidad hacia quien recibe el mensaje. Fustigarlo, solo por ser contrario a la idea propia, un acto canalla.

El criterio no se obtiene artificialmente. Es parte fundamental para el éxito de la tarea. Decidir cuándo y cómo contar lo que está pasando entrega el concepto en un embalaje adecuado para comprenderlo. La ansiedad, la vanidad (hablo para demostrar un conocimiento superior), la búsqueda excesiva de protagonismo conspiran contra su desarrollo eficaz. La tentación por ejercer un' golpe de efecto' desde la palabra para captar la atención empuja a invadir espacios ajenos. Saber dónde hablar, dónde expresar lo analizado es una virtud, un reflejo natural que diferencia y optimiza cada intervención.

Todo lo mencionado anteriormente tendrá sentido si agregamos el elemento más valioso de un comunicador: la credibilidad. Un profesional vacío de ella ocupará un espacio en el medio, solo eso, sin la posibilidad de ser recepcionado por la masa como una fuente de conocimiento. Su presencia será consumida como un factor de distracción, un pasatiem-

po ligero que podrá alimentar rating o share, pero que de ninguna manera dejará huella una vez terminada su tarea. Efectismo, en estado puro.

Aquel que utilice las herramientas de la comunicación, se preocupe en forjar una imagen de confianza desde ellas y anteponga el bien colectivo al individual podrá perdurar por encima de aquellos 'tapones' en la ruta. El camino será más largo y probablemente con mayores contratiempos, pero la recompensa recibida será única. Nada es tan duradero como el prestigio, nada es tan difícil como conseguirlo.

Por último, el mensaje debe ser elaborado y emitido con pasión. Para generarla, primero hay que sentirla. Es imposible intentar describir un sentimiento si previamente no corre por el cuerpo esa electricidad testigo de la emoción que lo domina. Aquel que sea capaz de disparar esa sensación al receptor ocasional será poseedor de un poder indescriptible e inolvidable, será una de las formas más puras de perdurar en el tiempo y el corazón de la gente que, muchas veces, utiliza ese pequeño refugio para buscar un poco de felicidad.

"La música de fondo de mi generación es un partido de fútbol que está ahí atrás…", Roberto Fontanarrosa, cita mencionada por Daniel Samper Pizano (periodista colombiano) durante el premio Gabriel García Márquez de Periodismo, Medellín, diciembre de 2013.

INTRODUCCIÓN II

Narrar un evento deportivo requiere de una estructura compuesta por varios elementos. El factor humano y la tecnología se convierten en los primeros aliados para que el sistema funcione correctamente. Necesitamos 'fierros' (micrófonos, consolas, cámaras, auriculares, satélites, etc.) para canalizar nuestro conocimiento. Esta interrelación confirma la primera regla básica: somos un todo. El trabajo en equipo, la conexión entre sus partes, el reconocimiento de roles y la pasión (una vez más imprescindible) para desempeñar cada función garantizaran la prolijidad de la transmisión. Más allá de la calidad del evento descripto, fundamental para cerrar un círculo perfecto, haber logrado desarrollar cada tarea asignada sin fisuras dejará en los emisores la sensación del deber cumplido y un aroma muy parecido al éxito.

Entendiendo que cada participante asume lo suyo con responsabilidad y profesionalismo, el tenor del espectáculo no debe escapar de nuestra órbita. Si bien, no hacemos goles ni atajamos ba-

lones, un acontecimiento deportivo de alto vuelo bien narrado es aún más atractivo. Sin embargo, si ocurriese lo contrario, es obligación mantener el grado de expectativa (ajustándose a lo visto, sin engaños) para garantizar una parte fundamental del trabajo: el entretenimiento.

Esa conexión grupal es compuesta por el individuo especialista en cada rubro. En este aspecto podemos destacar: "Aspiramos a una convivencia entre personas autónomas, que no sean islas ni desaparezcan en la colectividad. Esta pretensión nos fuerza a buscar un buen ajuste entre las distintas autonomías personales. Hemos de inventar modos de vinculación. Para poder regular nuestras interacciones, conviene que los que intervengan tengan un modelo claro y estén de acuerdo con él", extracto de *Aprender a convivir* de José Antonio Marina, Licenciado en Filosofía y especializado en Ciencias Cognitivas en la Universidad Complutense de Madrid.

El concepto de colectividad de ninguna manera debe opacar la tarea individual. En todo caso, la individualidad alimenta a la colectividad afirmando su importancia en el producto global. Imaginémoslo como un rompecabezas formado por piezas cuyo valor particular es indispensable para el armado final. Si una de esas piezas no encaja es imposible culminar la obra. Cada una de ellas ocupa un sitio irremplazable, una ubicación con un valor en sí mismo y, al respetarlo, el producto final será completado sin inconvenientes. En definitiva, si cada integrante cumple su función adecuadamente no solo destacará en el aspecto personal sino también en el general.

Un ámbito saludable que genere sentido de pertenencia ayudará a explotar la capacidad e impronta de cada participante. Es clave afianzar un modelo periodístico, sentirse identificado con él y defenderlo aún en condiciones adversas. Las relaciones entre personas casi siempre sufren alteraciones, esa individualidad tiene un origen diferente y, a su vez, una evolución distinta a otras. Este hecho natural de ninguna manera deberá quitarle al profesional la identificación con el producto que representa. Tampoco los factores externos vinculados con la exposición masiva, la repercusión mediática y el elogio excesivo muchas veces nocivos según quien los reciba y como sea administrado. Esa consecuencia, inevitable, en todo caso, debería reforzar el vínculo con la tarea y elevar el grado de compromiso, no solo con el escenario de desarrollo sino también con la vocación particular.

Una vez comprendida esa 'red de dependencia', cada pieza desarrollará su función principal y específica, diferente a la del compañero y, a su vez, complementaria. La misma se asume con pleno conocimiento, lucidez y capacidad intentando mejorarla con el paso del tiempo. El grado de valoración de cada una de ellas no deberá ser asumido por la cantidad de minutos al aire ni por la importancia de un protagonismo concretamente desigual ya que, como veremos a continuación, es

necesario respetar roles para garantizar la eficacia de la transmisión.

ESQUEMA DE TRANSMISIÓN: INTEGRANTES Y FUNCIONES

Existe un esquema básico de transmisión más allá del medio utilizado para exteriorizarlo. El mismo se organizará en función al evento a contar, se estructurará en base a las condiciones en las cuales será desarrollado pero de ninguna forma verá alterado el espíritu para el cual fue concebido. Es decir, más allá del formato a mostrar o la tecnología utilizada para emitirlo, dicho esquema respetará la premisa fundamental: contar un evento con objetividad.

El esqueleto de una transmisión se compone de dos partes: elementos técnicos y elementos periodísticos. Como hemos mencionado antes, ambos se necesitan, y uno no tiene sentido sin el otro. El correcto armado y desarrollo del primero garantizará, al menos, el inicio y la continuidad del segundo, que dependerá de otros factores (igual de importantes) para lograr el objetivo buscado, pero jamás podría existir sin la red de contención del anterior. Conviene ser plenamente consciente de la importancia que tiene ese tramado y de quienes lo llevan adelante. No siempre se toma en cuenta esa trascendencia menospreciando una labor para la cual se necesita un conocimiento demasiado específico, una especialización que toma varios años de capacitación y experiencia.

Así, dichos elementos técnicos podríamos enumerarlos, incluyendo formato televisivo y radial, de la siguiente manera: jefe técnico (móvil), técnico en radio (armado consola), sonidista y asistente de sonido (micrófono), operador de repeticiones, operador de video, operador de gráfica, camarógrafos (cámaras) y asistentes técnicos.

Para eventos realizados desde estudio off debemos agregar un asistente de piso y un iluminador de set (no siempre necesario).

Pocos imaginan la cantidad de tiempo previo que utilizan cada uno de ellos para el armado del evento. Ese 'trabajo invisible' para el gran público es imprescindible para aquellos que enfrentan un micrófono.

A su vez, los elementos periodísticos, quienes gozan de una mayor visibilidad y reconocimiento, se nutren de los siguientes roles: relator, comentarista, campo de juego (formato televisivo), vestuarista (formato radial), estudios centrales (formato radial), conexión (formato radial), productor periodístico (radio y televisión), asistente de producción, volante y locutor comercial (formato radial).

ELEMENTOS TÉCNICOS: DESCRIPCIÓN DE FUNCIONES (ROLES)

Jefe técnico (móvil)

Es el responsable máximo de la unidad móvil. Su función gerencial abarca todas las áreas técnicas (tendrá a cargo 25 personas aproximadamente) incluyendo una de las labores más importantes para el comienzo de cada transmisión: garantizar que la señal de audio y video a emitir llegue al móvil satelital en tiempo y forma. Además debe controlar y chequear la calidad de cada elemento a utilizar como cámaras, micrófonos, consolas, etc. Es el primer eslabón y, probablemente, uno de los más importantes del circuito. El éxito de su tarea depende, en gran parte, de un alto poder de prevención y resolución de problemas antes y durante el evento.

Jefe técnico (móvil satelital)

Encargado de recibir la señal emitida por el móvil principal y subirla al satélite correspondiente. Esta tarea se denomina comúnmente como 'levantar señal'. Esa señal será encriptada para que luego, mediante un código específico, pueda ser bajada por los canales que han adquirido los derechos de transmisión del evento a cubrir.

Jefe técnico en radio

Su tarea está vinculada con el armado de los elementos técnicos en cabina y zonas periféricas para la narración del evento en cuestión. Se encarga de conectar la consola a la línea telefónica asignada por los organizadores y, en ella, micrófonos y auriculares. También los micrófonos en vestuarios o lugares criteriosamente determinados con antelación. Como en el caso anterior, también debe garantizar que la señal (en este caso solo audio) llegue al edificio de la radio a través de dicha conexión. Bajo su órbita se encuentra también la correcta nivelación de dichos audios para lograr un aire lo más limpio posible.

Sonidista

Es el encargado de la distribución y ejecución de los elementos de sonido del evento a contar. Su tarea se divide en dos partes: una previa que incluye la correcta distribución de los micrófonos para garantizarle al espectador cada detalle de los protagonistas. Es decir, de su criterio en la colocación de micrófonos (cerca de los bancos de suplentes, detrás de cada portería, etc.) se realizará el cableado correspondiente para cubrir las necesidades requeridas. Luego se comprobará la calidad de audio con cada integrante de la transmisión (se chequea niveles para cada función tanto en cabina como en zona de campo de juego o vestuario). La segunda parte se inicia ya al aire y en comunión con el director de cámaras y el productor periodístico utilizando al máximo el conocimiento adquirido según circunstancias del juego. Su función no se acota solo a permitir canalizar la palabra de los emisores sino también a llevar a cada hogar el ambiente del lugar.

Asistente de sonido

Es el brazo ejecutor de los requerimientos del sonidista. Hace el trabajo de campo en la previa y se mantiene alerta a las dificultades durante el desarrollo del evento. Debe contar con los conocimientos básicos y una impronta aguda para solucionarlos sin pérdidas de tiempo.

Operador de video

Posee la habilidad de ajustar los parámetros técnicos de la señal de video, así como también la configuración y manejo de las unidades de control

de cámara. Se encarga de la correcta colorimetría (ciencia que estudia la medida de los colores y sus métodos de cuantificación) en cada una de ellas. Esta tarea la realiza gracias a elementos de precisión que le permiten colocarlas en un mismo rango para poder ser utilizadas adecuadamente. El parámetro de medición cambia según el horario del evento (luz natural o luz artificial).

Operador de repeticiones

A diferencia de otras funciones, ésta se desarrolla durante el evento. Tiene estrecha relación con el trabajo del director de cámaras. El juego es grabado a bordo del móvil en simultáneo a su desarrollo. De este modo cuando una acción necesita ser chequeada para disipar o confirmar una duda o simplemente revisarla para su descripción, el director de cámaras le pide al operador de repeticiones que busque dicho episodio en esa grabación para poder ser mostrada al aire. Debe cumplir ese requerimiento con rapidez y precisión para evitar una demora perjudicial para la transmisión. Gracias al avance de la tecnología, se puede repetir en vivo sin frenar la grabación ya que antes se utilizaba cinta y hoy se graba en discos denominados LS.

Operador de gráfica

Encargado de la estética visual del evento. Diseña el modelo que 'viste' a la transmisión antes y durante el juego. Cómo será la apertura de la misma, cómo se verán las formaciones durante el aire, cómo será el reloj habitual de cada encuentro son parte de las tareas que deben ser desarrolladas previo al comienzo de cada partido para luego ser colocadas en pantalla. Una vez que el balón comienza a rodar, su función va de la mano del director de cámaras, operador de repeticiones, productor a cargo y del mensaje emitido por los periodistas ya que cada incidencia del match debe ser mostrada por el director y acompañada con un zócalo explicativo (ej. en una anotación de gol, una amonestación o una expulsión se coloca nombre del protagonista). Además de los detalles convencionales, desde el avance meteórico de la tecnología, los operadores de gráfica han incluido elementos durante el partido que ayudan a comprender algunos de sus aspectos, como por ejemplo, distancias en la ejecución de faltas directas y de la correspondiente barrera, pases de jugadores o movimiento de los mismos en una maniobra determinada.[1]

1 **Nota del autor:** desde aquel gol no convalidado a Frank Lampard en el duelo Inglaterra-Alemania de la Copa del Mundo Sudáfrica 2010, FIFA autorizó el uso de la tecnología en transmisiones deportivas para definir si el balón sobrepasa la línea de gol. Esa tarea también se encuentra en el radio de acción de los operadores de gráfica.

Director de cámaras

Responsable absoluto de la puesta en escena del evento. Divide su tarea en una fase previa vinculada a la distribución de cámaras en el lugar de los hechos (elige posición y calidad de lentes a utilizar). La visualización del estadio es fundamental para garantizar una televisación acorde a las dimensiones del mismo y a la calidad del acontecimiento. Una vez concluida esa etapa, su función durante el desarrollo del encuentro une a todas las áreas convirtiéndose en un verdadero gerente operacional. Criterio, trabajo en equipo y conocimiento del juego son atributos fundamentales para un desempeño ideal. Saber escuchar, saber delegar y actuar en consecuencia es parte del repertorio a cumplir para un rol muy parecido al de un director de orquesta.

Camarógrafo

Encargado del manejo de cámaras. Pueden trabajar con distintos tipos y cantidades según el evento a televisar. Algunas requieren de cierta habilidad para su uso como, por ejemplo, las grúas. Existen especialistas en cada posición del campo ya que como veremos más adelante cada cámara cumple una función específica dentro de la estructura a mostrar. Sin dudas, son los ojos del televidente.

Asistente de piso

Realizan tareas simples pero importantes. Mostrar carteles de una publicidad para contar al aire o satisfacer las necesidades de los comunicadores es parte de su función. Generalmente son utilizados cuando la transmisión se realiza sin los periodistas en el lugar de los hechos, formato que comúnmente se lo conoce como off.

"SOMOS LOS ENCARGADOS DE TODO LO QUE SUCEDA"

Al momento del comienzo del evento el director de cámaras es el principal responsable ya que en la previa quien debe participar más en las decisiones es el productor, pero una vez que la transmisión es puesta al aire, somos los encargados de todo lo que suceda.

Básicamente mi función es la de estar comunicado con todos: los camarógrafos, el operador de tapes, operador de video, el sonidista y, llegado los momentos puntuales o necesarios, también con los periodistas. Más allá que cada uno tenga claro cuál es su función y la mecánica de la misma, el director debe seguir de cerca cada área para un correcto desempeño procurando elegir los planos adecuados de cada cámara o que repetición conviene poner al aire para ilustrar una jugada específica o algún detalle importante.

Además para una correcta tarea, el director debe supervisar en la previa el armado técnico del esta-

dio a transmitir para luego tener en claro el nivel de exigencia durante el aire. Saber qué lente usa cada cámara y donde se ubica favorecerá la puesta en escena, podrá clarificar ida y vuelta con los camarógrafos para pedir el plano pretendido o con los sonidistas en caso de conocer donde han sido dispuestos los micrófonos de ambiente.

Por último, es importante hablar con el jefe técnico del móvil para conocer, más allá de lo vinculado con lo técnico, el grupo de trabajo porque otra de las decisiones fundamentales del director es la distribución de la gente en cada puesto ya que de una correcta elección será parte del secreto del éxito del producto final.

A continuación, observaremos la distribución de cámaras para un evento futbolístico. Esta tarea, como ya hemos descripto, pertenece al ámbito laboral del director del evento. De la correcta ubicación de las mismas dependerá, en parte, el éxito del producto final.

Fabio Prieto

Director de cámaras de Torneos, entre los eventos más importantes que dirigió se encuentran tres Copas del Mundo (1998, 2006 y 2010). Transmisiones para Fútbol de Primera, Copa Libertadores, Copa Sudamericana, Copa América, Eliminatoria y amistosos de la Selección Argentina. Eventos de tenis, básquetbol, handball y golf.

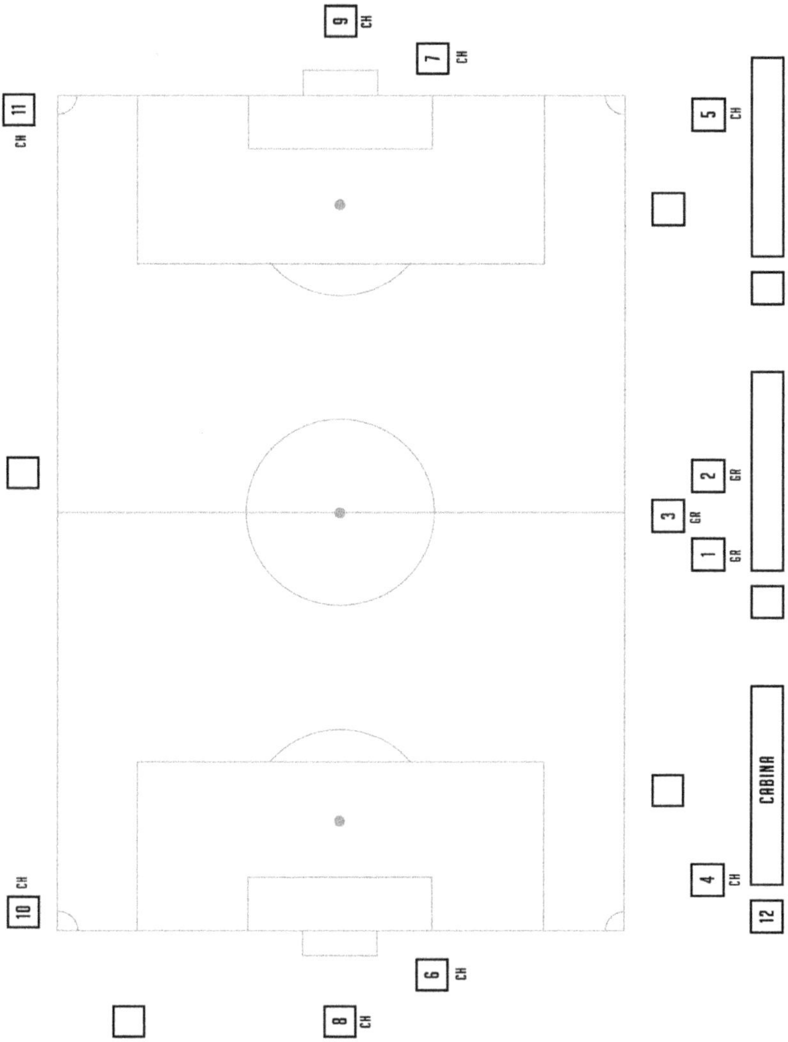

Cámara 1 y 2. Plano general.
Cámara 3. Plano corto. Ubicación entre los bancos de suplentes.
Cámara 4 y 5. Plano posiciones adelantadas (*offside*).
Cámara 6 y 7. Plano corto detras del arco.
Cámara 8 y 9. Plano alto (grúa).
Cámara 10 y 11. Ángulo invertido.
Cámara 12. En cabina de transmisión.

ELEMENTOS PERIODÍSTICOS: DESCRIPCIÓN DE FUNCIONES (ROLES)

Relator

Sigue con ritmo sostenido las acciones del juego (sigue el balón). Debe contar con abundante vocabulario y frondosa información del evento a narrar, herramientas que utilizará con fluidez y buena dicción para garantizar la continuidad requerida por la dinámica del juego. Es la cabeza de la transmisión, el manejo y su desarrollo están en sus manos. Es un especialista e integrante de un grupo selecto de profesionales ya que son pocos los que reúnen la capacidad necesaria para llevar adelante esa tarea. Dicho de otro modo, sin los relatores no se podría narrar un evento.

Comentarista

Debe analizar el juego desde lo táctico y estratégico sin la necesidad imperiosa de seguir el balón. Ese análisis debe expresarse con un discurso simple, concreto y didáctico para que el receptor comprenda lo que está pasando. Debe tener un profundo conocimiento del reglamento ya que es el encargado de explicar las situaciones dudosas del partido siendo implacable en la resolución de ellas. Conocer las características de los protagonistas y el pensamiento de los entrenadores ayudará a una mejor comprensión de las acciones y por lo tanto a emitir un mensaje mejor elaborado. Es el principal ladero del relator con quien debe trabajar de manera mancomunada. Concepto, criterio, vocabulario y reglamento, cuatro elementos fundamentales para desempeñarse correctamente.

Campo de juego

Su función principal es la de informar. Es la apoyatura principal para relator y comentarista ya que, por ubicación, su presencia es mucho más cercana a los protagonistas del evento. Debe brindar datos periodísticos valiosos y describir sensaciones que permitan contextualizar momentos puntuales del juego. Su tarea también comprende la realización de entrevistas previas y post partido. Durante el desarrollo del evento anuncian los jugadores amonestados y/o expulsados y las variantes practicadas por los entrenadores. El éxito de su tarea se respalda en la preparación previa de los detalles informativos y del momento y manera en que serán contados.

Vestuarista (formato radial)

Su función principal es similar a la del campo de juego: debe informar. La forma de expresar ese conocimiento (adquirido antes y durante el evento) incluirá un discurso más descriptivo y rico en detalles. Durante el desarrollo del encuentro se convertirá en 'los ojos' de sus compañeros y, por supuesto, de los receptores al momento de narrar todo lo que suceda cerca de los bancos de suplentes. Se ocupan de las entrevistas a los protagonistas.

Estudios centrales (formato radial)

Brinda la información deportiva del día, con resultados e incidencias de distintos deportes. Sus intervenciones son requeridas desde el lugar de los hechos por el relator del evento. Generalmente trabaja desde los estudios de la radio. Debe poseer una sólida base estadística y un buen archivo y sumarlas a la transmisión ante cada hecho que va sucediendo.

Conexión (formato radial)

Su tarea fue perdiendo vigencia a partir de la modificación en los horarios de los partidos. La llegada de la televisión y su auge en estos tiempos impide la posibilidad de disputar encuentros en horarios simultáneos. En otro contexto, su participación era la de comunicar y describir los hechos ocurridos en un estadio diferente al de la transmisión principal antes, durante y al final del mismo. Tiempo de juego y marcador son sus elementos fundamentales para la cronología de los hechos.

Productor periodístico (radio y tv)

Máximo responsable del manejo global del evento. Su tarea comprende dos etapas: preproducción y manejo del aire. Controla los tiempos de artística en función de la estructura a la cual pertenece. Si bien se privilegian las entrevistas en el lugar parte de dicha pre-producción consiste en armar una grilla de notas que ayuden a ocupar el aire con criterio y rigor periodístico. Pieza clave para aquellos que pertenecen a la transmisión tanto detrás como delante de cámara. Sus directivas deben cumplirse, por todos en tiempo y forma para garantizar la salud de la misma.

Asistente de producción

Se utiliza con mayor frecuencia en el formato televisivo. Aunque en apariencia su función pueda tener una relevancia menor, realiza tareas de campo fundamentales para la logística de la transmisión. Por pedido del productor periodístico, debe comunicarles a los árbitros y delegados de los equipos el horario de comienzo del evento lo que permitirá cumplir cabalmente con lo establecido por el canal encargado de la televisación. Una vez concluida esa tarea, se ocupará de la confirmación de formaciones (conviene siempre hacerlo por planilla oficial) para ser enviadas al móvil y utilizadas por el operador de gráfica. Durante el desarrollo del encuentro debe estar atento a las incidencias del juego (amonestados, expulsados y modificaciones) para comunicarlas al productor periodístico de la transmisión. Trabaja en estrecha vinculación con los periodistas y con el productor del móvil.

Volante (radio)

Es un periodista sin posición fija utilizado generalmente para describir el panorama en los alrededores del lugar del evento, testear el ambiente previo y cualquier circunstancia que aparezca en la periferia. Es una apoyatura para los demás integrantes de la transmisión y un elemento en constante movimiento.

Locutor comercial (radio)

Encargado de la presentación de la transmisión, lectura de avisos publicitarios y del cierre de la misma. Su voz e interpretación tienen fuerza vendedora, es convincente y crea inquietudes. Sus entonaciones son persuasivas y sugerentes. En esas apariciones fugaces durante el juego, el relator descansa, toma aire y continúa con la narración.

"El trabajo en equipo genera sinergia, la fuerza de cada uno multiplica las capacidades individuales. Para conseguir lo anterior se necesita el compromiso de cada individuo para creer y cooperar en los objetivos comunes, para sentir que el equipo es un lugar en donde puede satisfacer sus objetivos individuales y en donde una adecuada comunicación es indispensable para el logro de dichas metas", Marcelo Roffé/Claudia Rivas, del libro *El Partido Mental*, Lugar Editorial S.A. (2013).

FORMATO TELEVISIVO

La irrupción de la televisión en el fútbol tuvo múltiples derivaciones. Las principales del orden publicitario-económico. La deficiente administración de los clubes en la Argentina se topó con un mercado, que al principio miró de costado suponiendo un vaciamiento masivo de tribunas, pero del cual aún se sirve para recibir fabulosas sumas de dinero utilizadas como una tabla de salvación para tesorerías deprimidas por falta de idoneidad en el manejo de recursos propios. La televisión paga por mostrar y atrae anunciantes que permiten una supervivencia no siempre reparadora ya que la urgencia por el resultado dominó, domina y dominará la escena creando gastos superiores a lo permitido. Esa realidad, muy vigente en esta época, genera una burbuja cada vez mayor entregándole al espectador una oferta mayúscula. Cuatro señales de cable transmiten simultáneamente 24 horas de programación deportiva donde predomina el fútbol, deporte que concentra la mayor audiencia, la mayor atracción publicitaria y, por ende, el que genera más recursos para un negocio en apariencia inagotable.

Sin embargo, en sus orígenes, mostrar fútbol en nuestro país fue solo un hecho con pretensiones culturales, una excusa para acompañar el ingreso de la 'pantalla chica' a los hogares nacionales. Luego de una transmisión de prueba, el 3 de noviembre de 1951 San Lorenzo-River Plate se convirtió en el segundo partido mostrado en directo por el naciente Canal 7. En la realización se usaron dos cámaras, una de ellas ubicada en una tribuna detrás de un arco. Esa imagen, compuesta por planos generales alternados por tomas con criterio de proximidad respondía a un formato de cine ficcional muy utilizado en la época. La transmisión fue narrada por Ernesto Veltri y comentada por Enzo Ardigó y Raúl Goro. Fue auspiciada por YPF (compañía petrolera estatal) y observada en aproximadamente 1300 televisores.

"En aquel momento se calculaba que había un promedio de quince televidentes por cada aparato encendido, la audiencia era una actividad grupal y pública, nucleada en un hogar poseedor del aparato o frente a las casas de electrodomésticos. Con el tiempo se fue disgregando, a medida que se multiplicó la disponibilidad de los televisores en las casas. Los encuentros pasaron a erigirse por el placer de la reunión en sí y no por la búsqueda del reproductor. De todas maneras, en 1951, todavía el espectáculo constituía la televisión como acontecimiento en sí mismo más que el contenido de la programación.

Hubo que esperar algún tiempo para que esta situación se invirtiera. El espectáculo televisivo se limitaba a capturar una cultura de masas desarrollada fuera de él. Ya en 1953 encontramos establecida la costumbre de los telespectadores de comentar el partido como si hubiera asistido a la cancha", Pablo Alabarces (Doctor en Sociología por la Universidad de Brighton) y Carolina Duek (Doctora en Ciencias Sociales por la Universidad de Buenos Aires) describen en su ensayo Fútbol (argentino) por TV: entre el espectáculo de masas, el monopolio y el estado.

El paso del tiempo convirtió dicha alianza en una roca. El avance de la tecnología, la masividad del juego y su costado oneroso a partir del ingreso del 'esponsoreo' y la creación de empresas audiovisuales especializadas que lograron el usufructo del producto al mejor estilo yanqui constituyeron una armada invencible.

El consumidor del juego también sufrió secuelas del cambio. Ajeno al dinero que perciben los actores antes mencionados, la manera de mirar fútbol y la manera que es contado significó una reeducación, no premeditada, en la comprensión del mensaje. Para gozar, sufrir o simplemente opinar, el público tenía que concurrir a una tribuna o servirse de la imaginación al escuchar una voz que describía con tono de espectáculo teatral como un delantero desparramaba al arquero de turno e inflaba la red con un remate furibundo. Ese relato emitido por la radio, único nexo mediático de entonces, tuvo que reinventarse ante la llegada de las cámaras que como

describen Alaberces y Duek en las líneas superiores 'permitieron al telespectador comentar el partido como si hubiera asistido a la cancha'.

La televisión obligó a los emisores a modificar el estilo del discurso. Un relato constituido por una alta dosis de descripción y pinceladas de histrionismo dio lugar a una narración más 'artificial'. "Sé que durante un partido miento o exagero pero cuento con la complicidad de los oyentes", confiesa Víctor Hugo Morales. La imagen como factor condicionante provocó en algunos casos el uso de un lenguaje más ceñido al hecho acontecido dentro de una estructura de recursos técnicos como el primer plano, la cámara lenta o la repetición de la jugada.

EL RELATO DE LA IMAGEN

Narrar un partido mirado por todos supone una tarea fácil. En todo caso con la sola mención de quien lleva el balón bastaría para ajustarse a la escena sin tener la colaboración de recursos descriptivos vinculados al tiempo y el espacio. Seguir con ritmo sostenido las acciones de juego, como hemos descripto antes, sigue siendo la misión principal de un relator al momento de la disputa del juego. El balón se constituye en un poderoso imán y su andar deberá ser acompañado con justeza. Claro que cualquiera no podría desarrollar este trabajo ya que a criterio de quien escribe estas líneas relator se nace. Sin embargo, más allá de esa condición natural, su correcto desempeño no solo necesita de un aspecto vocacional sino de algunos factores extras vinculados con la preparación, la capacitación constante y la pasión (siempre presente). Además de cumplir con una regla básica aplicable a cualquier formato e indispensable para la sana convivencia de las partes que componen una transmisión: el relator es el miembro más importante, pero no es el único.

La mecánica de una transmisión se inicia con la apertura de la misma. Después de la aparición de la gráfica correspondiente (barrida) con los detalles introductorios y contextuales como son: logo del canal o productora de los derechos y nombre de los equipos que disputarán el encuentro, surgirá la primera imagen de quienes narraran las acciones. Esa presentación es el primer contacto visual entre el público y, en ese momento, una dupla de periodistas. El rol a desempeñar minutos más tarde dejará lugar a la raíz de dos profesionales, que antes de especializarse en relatar o comentar, son periodistas y como tales deberán aplicar las cinco preguntas básicas de la profesión: ¿Qué?, ¿Cómo?, ¿Cuándo?, ¿Quién? y ¿Dónde? En ese momento, no habrá distinción de tareas ya que informar se convierte en la labor principal. De todos modos, es el relator el encargado del saludo inicial, de entregar en cámara las primeras palabras que deberán 'vender', en un periodo de tiempo casi fugaz, un producto muy conocido por la audiencia, pero a la vez siempre intrigante. Esa 'venta' deberá contener un lenguaje llano, simple y concreto, demostrando seguridad ante cámara con una mirada firme, pero cálida a la vez. Aquí también es conveniente un leve movimiento de la cabeza hacia la ubicación del comentarista (generalmente el plano es con ambos en cámara) para invitarlo con la mirada a emitir su concepto una vez finalizado el propio. El micrófono deberá ser colocado a la altura del nudo de la corbata (distancia conveniente 10 cm) y, si la presentación se hace de pie, los dos primeros botones del saco irán siempre abrochados. Estos detalles son importantes por varios motivos, entre ellos el valor estético. La imagen cuidada respaldada por la omisión de gestos ampulosos al aire evitará un factor distractivo en el televidente quien fija su atención en el mensaje y no en la imperfección de quien lo emite. Durante los momentos preliminares al comienzo del partido, el relator se erige exclusivamente en un bastonero asegurándose la participación armoniosa de todos los componentes del equipo de trabajo ya que tras interactuar con el comentarista será el turno de sumar a los campos de juego encargados de entregar los títulos informativos de cada equipo. El desarrollo de esa tarea se hará en comunión con las órdenes del productor periodístico encargado de respetar la estructura del evento. Cumplida la mencionada etapa, el periodista dará paso al narrador y sus tonos, importantes para meter en clima al televidente. La aparición de los protagonistas será el puntapié inicial para, tras dar a conocer las formaciones, colocar definitivamente la atención en la labor principal y única de relatar un partido de fútbol.

La ubicación del balón marcará el ritmo del relato. Una salida defensiva, la transición hacia la mitad del campo y la posterior evolución de la maniobra en ataque entregarán distintas variaciones a la narración vinculadas estrechamente al famoso 'peligro de gol' ya que como sucede en el mismo deporte, también el relato tiene como meta la anotación -el gol- momento mágico y esperado por todos. Ese

grito, un sello popular y distintivo para el relator, no deberá convertirse en una obsesión sino en un proceso evolutivo ayudado por técnicas de respiración y moldeado con el rodaje de los partidos.

Para ejemplificar los matices del relato según el momento del juego podemos dividir el campo de juego en tres zonas: A, B y C (ver gráfico 1).

Zona A

Se toma como referencia la zona defensiva de un equipo que inicia la salida desde de su propia área. Aquí comúnmente, el relato deberá ser pausado, sin vértigo, se nombra a los jugadores y sus acciones sin estridencias. Por supuesto que la ilógica del juego sugiere estar siempre alerta a posibles situaciones de gol por eso la concentración es vital para no 'comerse' la jugada y sus consecuencias.

Zona B

En este lugar el ritmo comenzará a tomar vuelo. Es el lugar de la gestación y la transición de la maniobra por lo que el grado de alerta deberá ser máximo. Los jugadores en posesión del balón tomarán decisiones para acercarse a la meta contraria y aquellos que no lo posean harán lo imposible para neutralizarlos. Estos episodios, observados por los televidentes, serán descriptos con un tono medio-alto, con firmeza y con claridad respetando los nombres propios de los protagonistas y sus movimientos.

Zona C

Las áreas son sagradas para el relator. Son sus zonas exclusivas. Como sucede con un delantero, es el lugar para no fallar, para desplegar con impronta el conocimiento acumulado, el cual deberá aflorar naturalmente para una narración limpia y explicativa. Es el desenlace de la maniobra por lo tanto, el ritmo será alto, vigoroso y aplicado con una dicción entendible. Es el momento y el sitio donde la ansiedad por querer anticipar los hechos dejará paso a la cautela. Es la posibilidad más cercana para llegar al ansiado objetivo: el grito de gol.

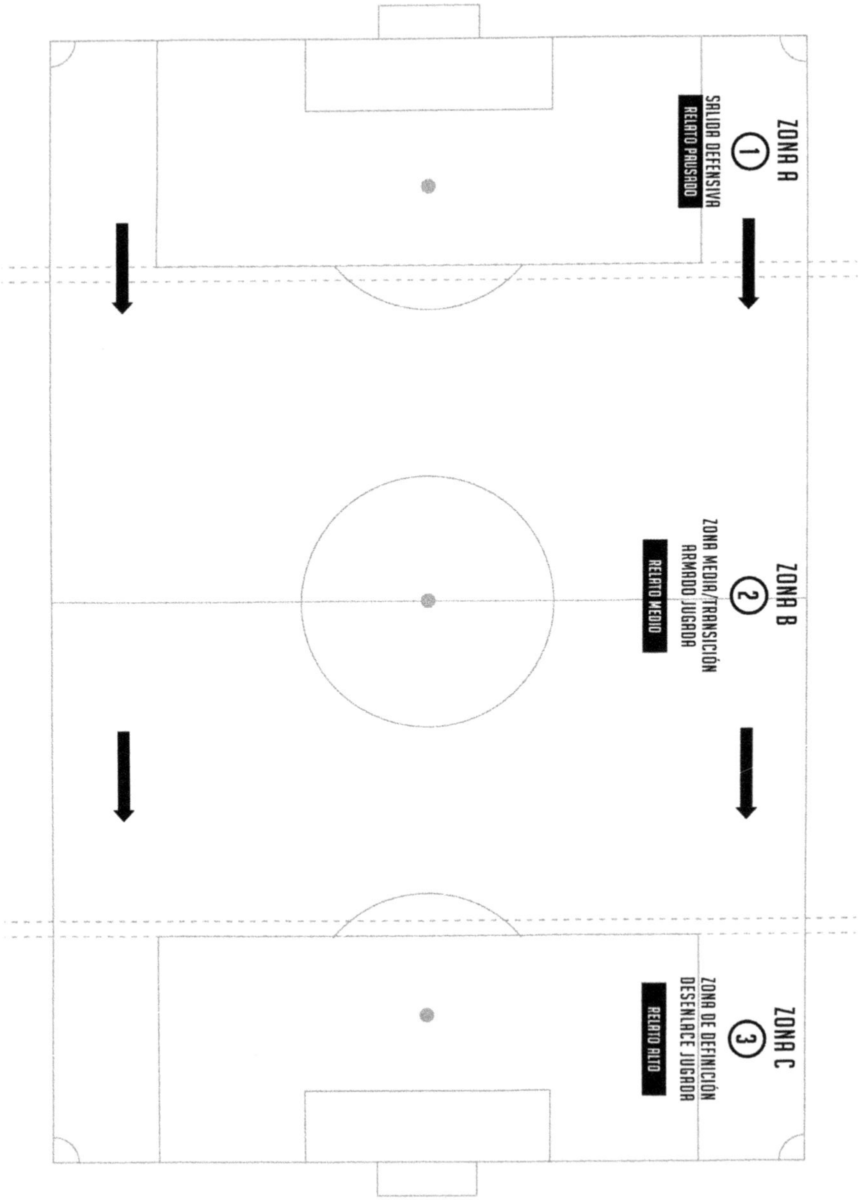

ZONA A
1
SALIDA DEFENSIVA
RELATO PAUSADO

ZONA B
2
ZONA MEDIA/TRANSICIÓN
ARMADO JUGADA
RELATO MEDIO

ZONA C
3
ZONA DE DEFINICIÓN
DESENLACE JUGADA
RELATO ALTO

La naturaleza del juego sugiere respetar estos parámetros para evitar una narración monocorde aunque puedan modificarse en función al contexto y la característica de quienes lo disputan. Por eso es conveniente saber el estilo de los jugadores a narrar, el pensamiento de cada entrenador y en lo posible la estrategia a utilizar en ese partido, simplemente para ser advertidos de algunos posibles movimientos. Estos detalles no garantizarán el control absoluto de la realidad ya que la sorpresa es un ingrediente importante en un deporte cuya manifestación es no-lineal y la imprevisibilidad es uno de sus rasgos principales. Sin embargo, conocer a quien se relata obligará a mantener un alto nivel de concentración para poder comprender y contar los hechos acorde a las circunstancias sin perder de vista que la imagen puede convertirse en una dificultad aleatoria sino es acompañada en tiempo y forma.

La fisonomía de los jugadores será otro elemento importante durante la narración. Muchas veces las dimensiones del estadio y la ubicación de las cabinas pueden incidir en el trabajo del relator. Si bien se utilizan monitores, los mismos son requeridos preferentemente para la evaluación de jugadas puntuales que le permitan al comentarista el análisis de las mismas. La inmediata individualización de un protagonista garantizará un relato confiable, provocará en el espectador televisivo la credibilidad en el trabajo realizado y aparecerá la autosatisfacción por no haber fallado en algo aparentemente simple. Cualquier elemento servirá para identificar

correctamente al actor de turno: color de calzado, muñequeras, característica física, manera de moverse, etc. Tomarse de alguno de ellos ayudará a disminuir la posibilidad de cometer un error sobre todo en acciones del juego donde interactúen varios futbolistas. Aunque la infalibilidad no exista en ningún aspecto de la vida, será conveniente en esta tarea ser los más certero posible para construir una imagen de confiabilidad absoluta.

La gestión de los tonos, como hemos explicado en párrafos anteriores, se vinculará directamente con el lugar de tránsito del balón. Las variaciones aplicadas con criterio permitirán calificar la calidad de las jugadas ya que no todas las maniobras deberán ser contadas de la misma forma. También se transformarán en saludable la pausa y el silencio. El beneficio de la imagen (aquí sí se lo puede catalogar como tal) permitirá utilizarlos como un respiro para el telespectador. Que el ambiente del estadio penetre en el ámbito de quien compartirá la imagen desde la pantalla será algo saludable y hasta beneficioso. Si esta decisión es tomada con criterio, en función del momento del partido, y no se abusa aún en un contexto aburrido darán frescura al mensaje y otorgarán al receptor ganas de seguir pendiente de la narración.

La correcta utilización del idioma será otro de los puntos a contemplar. No es exclusiva responsabilidad del relator ya que todos los integrantes de la transmisión tendrán la obligación de hablar bien. Sin embargo, su función lo expondrá más que a los demás por lo que deberá ser especialmente cuidadoso con los términos a emplear. Uno de los detalles a tener en cuenta será el medio al que pertenece y su penetración. Si el evento se emite solo para el país de origen, la calidad del mensaje deberá adecuarse a los modismos del lugar pudiendo incluir algunos giros idiomáticos conocidos. Ej: si el partido corresponde al fútbol argentino y se transmite exclusivamente para el país se podrán escuchar expresiones tales como es 'un burro' en clara alusión a un jugador poco dotado en lo técnico o 'tiro un viandazo' cuando el balón es pateado de larga distancia. Sin embargo, si el mismo partido fuese emitido para más países del Continente Americano lo más conveniente será narrarlo con un idioma mucho más neutro o carente de esos modismos que tienden a confundir al televidente. La esencia del fútbol posee un lenguaje universal pero sus términos han sido adecuados según usos y costumbres de la región en la que se practica. Es muy común, por la globalización de los derechos televisivos de torneos de distintas ligas del mundo, que además de lo expresado anteriormente, surja otra dificultad: la necesidad de conocer la correcta pronunciación de los nombres propios. En función del encuentro a narrar esa dificultad será en ocasiones más difícil que en otras. Lo más aconsejable será respetar esa pronunciación del idioma de origen sin contemplaciones. Sin embargo, muchas veces en la práctica se intenta ser un poco más flexible llegando en muchos casos a castellanizar el término mencionado para un me-

jor entendimiento. Lo más importante, sin caer en grandes alteraciones, será que todos los periodistas, sin distinción de roles, pronuncien ese nombre propio de manera similar para evitar confusiones.

EL GRITO DE GOL EN TELEVISIÓN

El instante más importante de la narración tendrá en este formato algunos condicionantes vinculados especialmente con el tiempo. La estructura exigirá amoldarse a esos parámetros respetándolos a rajatabla. Esta circunstancia no quitará emoción ni mucho menos, pero creará en el relator la conciencia de no estirarse demasiado en las jugadas de gol para evitar invadir un territorio que no le corresponde.

El grado de alerta deberá ser permanente y se agudizará cerca de las áreas. El relator llegará al desenlace de la maniobra con la nitidez necesaria para armar un grito de gol y desarrollarlo con los recursos vocales necesarios para no perder la capacidad de aire y cerrar adecuadamente el proceso.

Como máximo habrá dos gritos, uno abrupto y otro de impulso, antes del segundo se tomará aire y será el más prolongado ya que, con ese arranque, se deberá detallar al autor del tanto, describir someramente las circunstancias y se mencionará el resultado. Este módulo se realizará con la capacidad de ser finalizado antes del ingreso en pantalla de las

repeticiones de la maniobra, ya que ese momento pertenecerá completamente al comentarista.

EL COMENTARIO DE LA IMAGEN

El socio principal del relator es el comentarista. El especialista en analizar jugadas, describir tácticas y estrategias del juego comparte el manejo y peso periodístico de la transmisión conociendo su lugar dentro de la estructura y convirtiéndose en su principal apoyatura. La complicidad de ambos se logrará con el correr de los partidos, convendrá darle continuidad a una dupla para profundizar el vínculo. Poco importará si detrás de cámaras la relación es distante, lo más importante será lograr afianzar una pareja para una mejor identificación con el producto.

El primer paso se dará en la apertura del evento. Tal cual fue señalado, el comentarista recibirá de su compañero el guiño para emitir un primer concepto, en cámara y con los condicionantes ya contados. En un puñado de minutos, contextualizará lo que se verá a continuación con un mensaje concreto y didáctico. Los recursos utilizados serán innumerables: algunos comentaristas recurren a las estadísticas para graficar el momento de cada equipo, otros, en

tanto, prefieren un concepto más abstracto o general de la realidad sin el recurso de los números. Cualquier variante será válida siempre y cuando se realice dentro de los parámetros temporales de la estructura y, lo más importante, respete la famosa 'pirámide invertida' (sugiere escribir organizando la información con los datos presentados de mayor a menor importancia para dosificar en el receptor los puntos de interés).

Cumplida esta etapa, el comentarista será el encargado de leer las alineaciones aparecidas en pantalla mediante una placa, la misma la verá en el monitor que posee en cabina y hará su descripción con el *timing* necesario para concluir dicha lectura antes de que el director de cámaras la quite del aire. La enumeración de los protagonistas deberá ceñirse al nombre propio sin abusar demasiado de las especificaciones del lugar que ocupará dentro del terreno de juego. Ese detalle, al ser incluido en la gráfica, ya habrá sido observado por el televidente. Lo aconsejable será dar el apellido y a que línea pertenece (defensa, mediocampo o ataque) sin pretender, durante esa pequeña porción de minutos, ir más allá.

Una vez distribuidos los jugadores dentro del terreno de juego para el saque inicial, el comentarista tendrá una imagen bien detallada de la posición de cada uno de ellos. Ese será el momento de comenzar a elaborar el análisis, al menos de la táctica a utilizar por los entrenadores. Ya con el encuentro en marcha y sin la necesidad imperiosa de perseguir visualmente el balón, el comentarista incluirá en su descripción la estrategia de cada bando intentando descifrarla lo más rápido posible. Este proceso se podrá realizar con más eficacia si hay una observación previa de los equipos, si se estudian sus movimientos y características en duelos anteriores. Si bien, un partido no es igual a otro y la impronta ganará la escena, educar la mirada a ciertos desplazamientos garantizará la posibilidad de detectar con más velocidad lo que está pasando.

Durante el desarrollo del juego, sus intervenciones deberán ser emitidas a modo de guía para permitirle al receptor entender lo que está pasando. De ninguna manera, esos conceptos serán contados como sentencias absolutistas ni se caerá en descalificaciones sistemáticas. Por naturaleza, el fútbol obligará a recurrir a la cautela dejando siempre un espacio para la incertidumbre. Es el momento de aplicar los conocimientos previos y adecuarlos al contexto del partido sin intentar tener razón ni ponerse por encima de los verdaderos protagonistas. El comentarista es principalmente un observador cuya misión constará de un proceso que comenzará con la comprensión de los hechos, seguirá con la elaboración en la descripción de los mismos y finalizará con la manera de exteriorizarlos (uso adecuado del idioma). Cualquier falla en esta cadena derivará en una alteración de la realidad y por consecuencia en un erróneo entendimiento por parte del receptor quien recibirá una visión parcializada de la misma.

La primera intervención no debería ser antes del primer minuto de juego. No existe regla escrita al respecto ya que, como hemos dicho antes, el balón marcará los tiempos tanto del relato como del comentario. Sin embargo, ese lapso será prudencial para bosquejar las intenciones de cada formación. Convendrá empezar a participar al producirse un tiempo muerto en el juego, momento donde el relator realizará una pausa momentánea en su tarea. Las zonas lejanas a las áreas serán los lugares adecuados para expresarse, serán lugares con poco riesgo de superposición y los que brindarán algunos segundos más para redondear el mensaje. Se empezará por describir estrategias colectivas y funciones individuales y se acompañará en la observación la evolución de las mismas a lo largo del partido. No se abusará de terminología vinculada a números en sistemas tácticos ni se caerá en el recurso sistemático de la redundancia. Se deberá ser implacable en la resolución de las maniobras de reglamento. El comentarista es un especialista que aparecerá en escena cada vez que se lo necesite como quien recurre a un experto al momento de solucionar un problema específico.

El formato televisivo nutre al espectador de la posibilidad de la repetición, imágenes que ilustrarán una porción de partido puntual ante una situación que requiera ser revisada. Las ocasiones de gol, la concreción de las mismas, la acciones de roce o infracción, los fuera de juego son parte del repertorio común en cada evento. Esta herramienta será la plataforma técnica que el comentarista dispondrá para explicar sus conceptos, un apoyo visual del que deberá servirse para una mejor descripción.

La explicación de la maniobra a repasar tendrá que ajustarse a los tiempos de la imagen. Es decir, al suceder el hecho y tras la narración correspondiente, el director de cámaras le entregará al telespectador la posibilidad de revivirlo en una versión acotada ya que la realidad de lo que se verá en ese momento será coincidente con la continuidad del juego. Por eso, el comentarista tendrá la necesidad de abreviar el discurso sin perder el espíritu didáctico del mismo para finalizarlo una vez que la repetición termine. Al mismo tiempo, ese discurso no deberá caer en lugares comunes ni en detalles fácilmente detectables. Tampoco se compondrá únicamente de una descripción ajustada de lo que se observa ya que será una oportunidad valiosa para describir el contexto de las acciones, explicar el origen de las mismas, sus causas y consecuencias. No bastará con mencionar solamente quien patea el balón sino porque lo hace y cuáles fueron las razones que permitieron realizar dicho movimiento. El poder repasar un momento específico del partido cuando el mismo está en plena disputa será una ventana al conocimiento, una chance especial para sintetizar un suceso y favorecer su comprensión.

Las jugadas de reglamento requerirán especialmente de la repetición para ser analizadas. En este caso, la potestad de repasarlas sugiere una ventaja por encima de quienes deberán definirlas dentro

del campo de juego y, por lo tanto, un privilegio que deberá ser administrado coherentemente. El conocimiento profundo de las reglas de juego se aplicará para echar luz sobre una maniobra confusa o dudosa tomando esa referencia visual como un detalle ilustrativo del acierto o la equivocación de los árbitros. Como especialista, el comentarista explicará lo acontecido de manera objetiva evitando un discurso que suene arrogante o descalificador ante el error cometido. Del mismo modo que habría de evitarse el elogio excesivo en caso contrario.

Otra de las tareas correspondientes será la de resumir las incidencias del encuentro analizado. Tanto en el entretiempo como al finalizar el mismo, el comentarista será el encargado de comprimir en palabras lo realizado por los protagonistas dentro del terreno de juego. Al concluir la primera etapa y en función de la estructura a la cual se pertenece habrá pocos minutos durante un bloque para repasar las acciones que serán presentadas al aire a modo de compacto. Ese compendio de imágenes será el pretexto para contar el desarrollo del cotejo y sus principales características, puntualizando en las maniobras reseñadas, pero con alusiones mucho más globales. Es decir, se podrá detallar la acción específica pero no despreciar el contexto general. Del mismo modo, el resumen final le pondrá un cierre al trabajo del analista por lo que, además de resaltar el resultado y sus consecuencias, se deberá obtener una conclusión profunda de lo observado para emitir un mensaje circular que le permita al receptor completar su propia comprensión de los hechos.

CAMPOS DE JUEGO EN ACCIÓN

Aquellos periodistas que desarrollen esta función deberán ser conscientes de la importancia que tiene dentro de la mecánica de una transmisión televisiva. Informar es un proceso que requiere de varios pasos importantes para garantizar su éxito. La curiosidad por saber es el primero de ellos, la investigación o búsqueda de los elementos que le den forma y la manera de exponerlos completarán el proceso.

Un buen campo de juego iniciará su trabajo mucho antes de salir al aire. Así como el comentarista prepara el análisis del partido observando juegos anteriores, la inquietud por conocer empujará a realizar una etapa preliminar que consistirá en un seguimiento diario del equipo a cubrir durante el evento. También se agudizará en la búsqueda de datos acerca de los jugadores que compondrán dicha formación (ver armado de planilla). De esa recopilación se tomarán los detalles periodísticamente más importantes que luego serán utilizados como factor introductorio para el televidente al momento de su

presentación. Otra vez entrará en vigencia el concepto de la pirámide invertida para expresar dicha información por orden de relevancia.

El campo de juego entrará en acción de la mano del relator. Cumplido el momento de la presentación del partido desde la cabina, el narrador abrirá el juego hacia los demás integrantes de la transmisión. En orden de importancia de uno de los equipos o simplemente respetando la localía de los mismos, requerirá de su colega las principales novedades las cuales tendrán que ser contadas en cámara y con poco margen de tiempo ya que, en general, ese pedido se realizará antes del ingreso de los jugadores a la cancha.

La información entregada durante la presentación de un campo de juego tendrá el tamiz de la sensatez periodística individual. Sin embargo, el manejo de la misma deberá seguir los patrones tradicionales de la profesión sin desatender prioridades que alteren su impacto. La línea horizontal a respetar consistirá en titular de lo más importante avanzando hacia lo menos valioso. Este procedimiento sufrirá además el agravante de la condicionalidad derivado del escaso espacio de maniobra disponible para aplicarlo. En definitiva, se asumirá conscientemente la necesidad de ser concreto, explícito y corto dejando de lado la ansiedad por querer contar todo de golpe.

Otro elemento que brindará el campo de juego antes de inicio de las acciones será mencionar a los integrantes del banco de los suplentes. Una vez más el relator invitará a realizarlo, se enumerarán los apellidos de los jugadores que lo integren en concordancia con una placa armada especialmente y puesta al aire por el director de cámaras. Para garantizar la prolijidad en este proceso, el asistente de producción le entregará al operador de gráfica el orden de los futbolistas a enumerar empezando por el arquero y terminando por los delanteros. Lo que se dirá al aire deberá tener la misma disposición de lo que se mostrará en pantalla.

Durante la disputa del juego, las intervenciones se ajustarán al ritmo del balón y, por supuesto, al criterio del relator. Esta regla será similar a la del comentarista ya que ambos verán variar sus participaciones según los tiempos marcados por el recorrido del balón. Las mismas serán cortas pero contundentes. Incluirán información (la obtenida del trabajo previo y la surgida de los hechos actuales) y descripción de lo que suceda en los bancos de suplentes. La posición física desde donde se realizará la función será todo un privilegio, permitirá advertir estados de ánimos y la posibilidad de adelantar las decisiones que se tomarán en virtud de las incidencias observadas. La correcta comunicación de esos sucesos generará una sensación de empatía en el telespectador y servirá como alimento para el análisis del encuentro. Bajo la órbita del campo de juego estará contar las amarillas, las expulsiones y, por supuesto, las variantes realizadas por los entrenadores. Al mismo tiempo, deberán estar atentos a cualquier hecho periférico por lo que convendrá trabajar con un oído más descubierto que otro para

poder dividir la atención entre los pedidos de la cabina y las voces del banco.

Las entrevistas previas y postpartido se incluirán en el menú de funciones. Conocer el pensamiento de los deportistas será un punto de atracción muy importante para quienes vivirán el evento frente a la pantalla chica. Para algunos, entrevistar parecerá una tarea sencilla, casi mecánica o burocrática. Sin embargo, no existe situación más compleja que el intento por extraer una declaración que valga la pena. Puntualmente, un reportaje en circunstancias de un formato de transmisión televisiva deberá cumplir algunos requisitos para lograr el éxito esperado ya que no será la principal atracción, pero colaborará al enriquecimiento de la misma. En instantes preliminares al inicio del encuentro, el campo de juego (siempre periodista) buscará expresiones que ayuden a conocer el sentir de los protagonistas ante el desafío posterior. Más allá del contexto y la magnitud se empleará un tono cordial casi amistoso intentando generar un clima de complicidad que invite al invitado a profundizar sus conceptos. El éxito de una entrevista radica en la entrega del protagonista y esa entrega se obtendrá de la atmósfera que genere quien la realice.

En tanto, el escenario de las notas posteriores al final del encuentro podría ser completamente diferente a las anteriores. La proximidad con los protagonistas generará el intento de un testimonio mucho más al paso sin tiempo para armar un clima determinado. La influencia emocional del resultado jugará un papel importante para quienes tengan que responder a las preguntas formuladas, interrogantes, muchas veces elaborados con rapidez para evitar perder al protagonista. Esa fugacidad no deberá influir en la capacidad de interrogar, pero sí se verá influenciada por la misma.

RELATO FUTBOLERO O EL ARTE DE VENDER UN PRODUCTO DENOMINADO FÚTBOL

Siempre que he tenido la oportunidad de hablar ante futuros relatores trato de dejarles el mismo consejo o recomendación si prefieren llamarlo así.

El relator de fútbol para llegar a transformarse en tal, debe atravesar varias etapas. Entre ellas, algunas que son infaltables y a su vez inevitables.

En el inicio o el despertar de la vocación, las historias más o menos son coincidentes. Relatar partidos imaginarios, usar soldaditos o muñecos para hacerlo, en la actualidad permitirse relatar los partidos de la play. Pero todos arrancan casi del mismo modo.

El proceso de transformación pasa por varias etapas, la etapa de formación del estilo es una de ellas y muy importante por cierto. Es mentira que los relatores no copian o no copiaron a nadie. Necesitas de la copia para depurar tu propio estilo. Sí sería preocupante si tras el paso del tiempo no tenes es-

tilo propio y sos una mera copia. Pero todos los relatores tienen cosas destacables y que sirven para aprender.

Otro de los detalles es la concentración que se relaciona directamente con la identificación de los futbolistas. Algo que en los tiempos modernos resulta un punto en el que no se puede fallar. Sobre todo cuando el relato es televisivo y no tenes margen de error.

Y tras atravesar estos principios básicos llegamos al ingrediente clave, la pasión. Sin ella nada tiene sentido.

Pasión que resulta necesaria volcarla y además, transmitirla. Este es probablemente el punto más complicado. Ya que cuando esa pasión se impone de manera ficticia, se nota. Debe ser genuina y para que esto ocurra resulta indispensable abrir los sentidos. Hay que dejarse llevar por el ambiente, el contexto; y dejar que fluya de forma natural y espontánea.

Al fin y al cabo, el relator de fútbol sin importar el ámbito lo que debe hacer es dedicarse desde su labor a “vender” fútbol.

Con muchos años de experiencia, he aprendido a convivir con el error –una de las tareas más difíciles– y a su vez, jamás he dejado de escucharme. La única manera de crecer, mejorar y perfeccionarse es escuchándose; la mayoría no lo hace, pero solo uno puede mejorar siendo muy autocrítico y queriendo cada día ser mejor.

Relatar significa transmitir pasión y dejar el corazón en cada partido. No hay partidos buenos o malos, para los relatores hay partidos bien o mal relatados.

Pablo Giralt

Periodista deportivo, relator de Directv Sports, Radio Mitre y TNT Sports.

"LOS COMENTARISTAS VIVIMOS LANZANDO MENSAJES EN UNA BOTELLA"

Veo fútbol desde los siete años, comento fútbol en condición de periodista desde los 20, pero recién a los 39 comenté para radio (mis años en Continental, con el equipo de profesionales de Víctor Hugo) y recién cumplidos los 53 me llamaron de ESPN para incorporarme como comentarista de fútbol internacional. Todo un desafío, por cuanto aun cuando me sentía capacitado para el rol, al tiempo debía lidiar con el lastre ético de ser consecuente con mis aprensiones, es decir, con todo eso que me incomodaba de los comentaristas en condición de simple espectador de living. Me explico: me hacen ruido los comentaristas que hablan más que los relatores. Me hacen ruido los comentaristas que se esfuerzan por colocar una frase célebre cada treinta segundos. Me hacen ruido los comentaristas que se limitan a contar lo que acaba de contar el relator, que no es más que lo que acaban de contar las imágenes por

sí mismas. Me hacen ruido los comentaristas que se la pasan haciendo chistes de codificación íntima que solamente entienden su interlocutor inmediato y un reducido grupo de compañeros y/o amigos.

Pues bien, a poco de avanzar en mi experiencia como comentarista de tevé advertí que algunas contraindicaciones son muy difíciles de eludir. Por ejemplo: si la dupla relator-comentarista tiende a un tono coloquial, las referencias intimistas son toda una tentación. Mantenerse inmune implica un ciento por ciento de concentración los 90 minutos, cual si uno fuera un defensor central o un arquero. Luego, también es muy difícil no ponerse en el lugar de quien cuenta la jugada que acaba de consumarse. Hay un imperativo tecnológico (la repetición exige decir algo encima de las imágenes) y una limitación metodológica: las imágenes determinan hablar de la jugada en cuestión y no de otra cosa.

Con todo, aun la fatalidad de pisar los palitos referidos no cancela las responsabilidades primordiales del comentarista: ser acompañante, interlocutor y sostén conceptual del relator e ilustrar a los seguidores de la transmisión acerca de por lo menos los grandes trazos del partido. Por saber: calidad del juego, calidad de prestación de cada equipo, quién es mejor y por qué; quiénes son los mejores o peores jugadores y por qué; etcétera. Esto del porqué no es azaroso. Un comentarista debe de estar capacitado para sostener cada afirmación y si se tratan de afirmaciones que no necesitan de un pilar conceptual, participar al público de que se trata de una

simple observación, de una simple percepción o de un juego periodístico. El fútbol es tan dinámico y tan difícil de asir que el concepto que ahora mismo es certero dentro de dos minutos será cartón pintado. Por cierto: los comentaristas solemos enamorarnos de algo que queremos decir, el ritmo intenso del juego no le permite al relator darnos al pie y cuando por fin no da el pie resulta que algo cambió, algo mutó, nuestra idea ha sido debilitada por los hechos y sin embargo la lanzamos igual de convencidos que cuando nos había venido a la mente.

En realidad, los comentaristas vivimos lanzando mensajes en una botella. Hace un tiempo, en un partido del Liverpool y no sé cuál rival, dije "sueño con un buen centro de Johnson que termine en un gol de Luis Suárez". Al rato, centro de Johnson y gol de Luis Suárez. Me sentí Gardel, pero de inmediato me puse en mi lugar: en cada partido tiro media docena de pálpitos de esa índole y rara vez se concretan. En este punto encuentro central que el tipo que sigue la transmisión sepa que esas intuiciones con pretensión de pronósticos son simples guiños, parte del juego, del juego de ver un partido de fútbol y del juego de la transmisión propiamente dicha.

En nuestro trabajo, los pronósticos no son más que juegos. Juegos periodísticos y juegos futboleros. No está en la naturaleza de nuestro trabajo pronosticar nada. Si lo hacemos, lo hacemos para sazonar un plato sabroso que es parte del sobreentendido con la gente que nos escucha. Sin embargo, curiosamente, se nos juzga y se nos condena por

aquello que se nos pide. Me causa gracia cuando se nos acusa de hablar con el diario del lunes. ¡Por supuesto que hablamos con el diario del lunes... si el diario del lunes lo escribimos nosotros! En general, nuestro trabajo reside en analizar hechos consumados. Se nos impele: ¿por qué no dijiste antes que si Fulano entraba por Mengano el funcionamiento del equipo iba a resentirse? ¿Y por qué tenía que decirlo yo? Ni el propio DT, que había incluido a Fulano por Mengano, estaba seguro de que el enroque iba a funcionar. Pasa que ha cambiado tanto la relación periodista/lector/oyente/, que terminamos demasiado pendientes de que se nos acepte e incluso de que se nos quiera. Nuestro grado de exposición es mayúsculo y las redes sociales constituyen un puente en apariencia cordial pero siempre a punto de estallar. Las redes sociales han fomentado al cobarde del siglo XXI: cualquier despistado, corto de entendederas o mala leche, tenga 15 años o 65 años, detrás de una pantalla, escondido detrás de un Nick, se cree con derecho de juzgar tu trabajo, de darte clases de no se sabe qué, de insultarte, de descalificarte, de ningunearte. Podés hacer el mejor comentario de tu vida, pero te equivocas una vez, una sola vez, en un dato o en un concepto y el tipo no va a incluir ese error en un escenario más amplio, porqué no vasto (el partido, todos los partidos que te ha escuchado comentar antes, o el todo de tu trayectoria), no, el tipo va a tomar uno de estos dos caminos: 1. Suponer que te equivocaste de mala fe, porque hablaste “mal” del Barsa y se te nota que

sos del Madrid, o viceversa. 2. Porque sos un inepto. De locos. Las redes sociales tienen una impronta democrática que, por supuesto, defiendo. Es una cuestión de principios, pero al tiempo son herramientas que el seguidor de fútbol por la tele suele emplear para tramitar sus frustraciones o para vomitar su ligereza, su mal gusto, su maltrato.

De todos modos, encuentro vital hacerse fuerte en una constante búsqueda de perfeccionamiento y en una templanza en las emociones capaz de acolchonar los días malos, los comentarios malos, los eventuales errores que cometemos en medio de un comentario. Supongamos que intervenimos 30 veces en cada tiempo, un total de 60 veces en un partido. ¿No es exigirnos demasiado ser cada vez certeros en el concepto, y fluidos, y ocurrentes, y estéticos, y además pedagógicos?

Por lo demás, analizar un partido de fútbol por televisión no difiere en nada de analizar cualquier partido. Los ingredientes son los mismos. ¿Queremos analizar el rendimiento de un equipo? Pues examinemos su relación con la pelota, su relación con los espacios y su relación con el rival. Luego, tenencia de la pelota (en cuáles zonas, claro, y con cuáles herramientas, etcétera), manejo de los tiempos, capacidad de elaboración, profundidad, cantidad de situaciones de gol, netas o semi netas, fortaleza mental, plasticidad ante lo contingente, entendimiento, de los jugadores, del equipo en sí, del director técnico, influencia de los cambios que introduce...

(Ojo: advierto que un tic en el que incurrimos a menudo es el de ser prisioneros de una idea preconcebida. Esto es, imaginamos un partido y después acomodamos lo que vemos a eso que habíamos imaginado. Dicho de otra manera, en lugar de despojarnos de prejuicios, de ver cada partido en un estado, digamos virginal, los comentaristas encontramos en el partido solo lo que fuimos a buscar.)

Claro, eso sí, que no es lo mismo comentar un partido desde el estadio que hacerlo desde un estudio. Va de suyo que en el estadio se tiene una perspectiva que facilita y enriquece. Por ejemplo, para saber si un equipo está bien parado en la defensa cuando dispone de la pelota, es indispensable estar en el estadio. Pese a ello, conste, me parece una exageración lo que postula el gran Macaya Márquez, en el sentido de que no se puede comentar un partido mirándolo por tevé. Se puede, y se puede hacer muy bien, pero eso implica entrenar la mirada, saber reconstruir lo que no aparece en cuadro, intuir afinadamente, deducir más y mejor, asociar más y mejor.

Walter Vargas

Periodista, comentarista y escritor.

FORMATO RADIAL

Una comunión inalterable con el paso del tiempo, la radio y el fútbol han logrado sobrevivir al avance desmedido de la tecnología manteniendo un lazo emotivo de disolución improbable. En un mundo en constante crecimiento y evolución en lo comunicacional, dos pasiones convertidas en hábito lograron mantener, casi intacta la magia de aquel tiempo para sumar nuevas generaciones de oyentes a una ceremonia sagrada. La épica de una jugada descripta al detalle para disparar la imaginación a límites insospechados, el grito de gol nacido de una garganta al borde del abismo, la pasión a flor de piel por esa atajada maravillosa e imposible componen el menú de un relato muchas veces superior a la realidad observada. Si hasta pareciera que el juego es una novela de ficción solo elaborada por la caprichosa mente de un contador de historias.

Narrar un suceso. De eso se trata, una historia alimentada por la interrelación entre elementos que pelean por un mismo objetivo defendiendo los colores que alguna vez fueron transferidos del abuelo

al padre y del padre al hijo. Ese costado casi lúdico del asunto merece una correcta exteriorización, una serie de normas para ser canalizado de manera adecuada y despertar esos sentimientos tan vinculados al corazón, al alma, a la pertenencia de una expresión cultural que la radio se encargó de masificar como ningún otro medio en la Argentina inclusive padeciendo la llegada de la televisión pero dando batalla para subsistir.

Sin embargo, la primera transmisión deportiva radial tuvo como atracción principal una pelea de boxeo. El 14 de setiembre de 1923 muchos ciudadanos de la Ciudad de Buenos Aires se reunieron frente a las pizarras del *Diario Crítica* para escuchar por altavoces el combate protagonizado por Jack Dempsey y Luis Ángel Firmo, el toro salvaje de las pampas. Estaba en juego el título mundial de los pesados y Radio Cultura (la segunda emisora creada en el país tras la aparición de Radio Argentina) logró reproducir las incidencias del combate a través de la lectura de cables informativos amenizados, en los intervalos, por la música de un dúo campero integrado por Rodriguez y Chavero, más tarde conocido como Atahualpa Yupanqui, ícono de la música popular en el país.

En tanto, el fútbol tuvo su bautismo en la radio un año más tarde con el clásico del Río de La Plata. La Selección Argentina enfrentaba a su similar de Uruguay, que venía de consagrarse campeona olímpica en París, en la cancha de Sportivo Barracas. Un radioaficionado llamado Horacio Martínez Seeber

junto al reconocido periodista gráfico Atilio Casime llevaron adelante la difusión del encuentro por LOR Radio Argentina con un relato bien diferente al que se conoce en la actualidad realizando una descripción somera de lo que ocurría en el campo de juego. Ese partido fue ganado por los locales por 2 a 1 con el célebre gol olímpico de Cesáreo Onzani. Si bien no existe coincidencia entre los historiadores de cuando se relató un partido por primera vez en el país, es un hecho que Argentina fue pionera en este aspecto ya que en países como Inglaterra, Brasil y Francia por ejemplo las transmisiones deportivas se iniciaron durante la década del 30.

Cada época trajo un estilo, una forma, un nombre propio especializado en alimentar este rubro naciente. El periodismo asistió al comienzo de un género que suscitó una atracción muy grande entre los aficionados y entre los mismos profesionales quienes encontraron otra manera de contar al deporte más popular del territorio nacional. Fue tan grande la irrupción de este tipo de transmisiones deportivas que muchos temieron una merma en la cantidad de público en los estadios e intentaron prohibirlas tal cual reflejó la revista *Radiolandia* en 1936 "En estos momentos una entidad directiva del fútbol trata de obtener de su comisión directiva una resolución tendiente a la supresión total de las transmisiones de los *matches* profesionales, alegando que ellas son responsables de la reducción de los ingresos en sus respectivas arcas. Vamos a colocarnos decididamente en contra de tal posibi-

lidad, por cuanto no tenemos otra orientación que defender la aspiración popular, en amplia mayoría, de que las transmisiones de fútbol sean mantenidas. Por lo contrario, ya hemos sostenido que esa difusión radiotelefónica del deporte de actualidad debe ser mejorada mediante circunstancias más favorables para los relatores que, domingo a domingo, deben afrontar rigores de temperatura y molestias de ubicación a fin de cumplir con su cometido. Las direcciones de los *broadcasting* interesadas deben interponer su influencia más enérgica, para que con su motivo de tanta parcialidad y de tamaño error no se adopte una medida de todas luces injusta y desconsiderada".

Tal situación jamás llegó a cristalizarse y como sucedería años más tarde con la llegada de la televisión, los seguidores debieron incorporar a sus vidas otro medio de comunicación que de ninguna manera alteraría la pasión sino todo lo contrario. La mágica posibilidad de tener un evento deportivo con solo girar una perilla abrió un mundo desconocido y a la vez atrapante, especialmente para quienes no podían asistir a un estadio de fútbol por razones geográficas o económicas. Eran esas voces sin rostro las encargadas de alimentar la imaginación, de disparar las imágenes más espectaculares, de impulsar a cerrar los ojos para sentirse parte del paisaje. La radio es compañía, es información, y a partir de ese momento también fue pasión gracias a la emisión de esos eventos deportivos que con el

paso del tiempo pudieron ser llevados a cualquier rincón del planeta.

Roque Silliti, Alfredo Aróstegui (apodado el relator olímpico ya que se popularizó por transmitir los Juegos de Amsterdam 28), Lalo Pelliciari (figura indiscutida del relato en Radio Mitre), Enzo Ardigó, Bernardino Veiga, Fioravanti, Luis Elías Sojit (relator también de automovilismo creador de Coche a la Vista), José María Muñoz, Horacio García Blanco, Enrique Macaya Márquez, Víctor Hugo Morales, y Mariano Closs han sido a lo largo del tiempo las voces referenciales del relato y comentario deportivo en radio. Fueron moldeando una especialización dentro de una profesión y, sin ser un gesto premeditado sino más bien fortuito, lo convirtieron en una actividad tradicional o costumbrista.

El lenguaje futbolero y sin riesgos a equivocarnos, diríamos que el general también experimentaron una mutación inevitable. La inclusión de algunos giros idiomáticos necesarios para describir hechos puntuales del juego obligaron a la búsqueda de términos o expresiones que permitieron un alto grado de captación en el oyente quien no solo comenzó a detenerse en lo que se decía sino en la manera en que era contado para adoptar varias de esas expresiones para uso cotidiano. Como un escritor delante de la hoja en blanco, el mapa dialéctico fue armándose a medida que la impronta individual sumaba nuevos elementos y, a su vez, cada frase era incorporada por el público/receptor quien inmediatamente lo transformaría en un sello

distintivo del narrador/emisor. Los cambios de tonos fueron la antesala de esa pretendida captación y ese 'nuevo idioma' la concreción de la misma. La criteriosa administración de ambos campos genera una profunda penetración del mensaje y una inmediata aceptación de quien lo emite provocándose una sinergia especial.

EL RELATO DE LA VOZ

Relatar en radio no es una tarea sencilla. Seguir las acciones con ritmo sostenido, función básica de un narrador más allá del formato, sugiere no perder de vista el balón ni el tratamiento recibido por parte de los protagonistas. Dicho de otro modo, la sola enumeración de movimientos más el nombre de quien los realiza bastaría para contar las incidencias del juego. Sin embargo, esta modalidad requiere de un caudal y calidad superior de palabras para poder situar al oyente en el lugar de los hechos, permitirles un uso amplio de la imaginación y entregarles con una variación de tonos, el sentido de orientación necesario para seguir el desarrollo del encuentro sin dificultades. Esta tarea deberá desarrollarse con naturalidad, claridad, frescura y emoción.

El primer aliado del relator radial será el vocabulario. Si bien, ya hemos contado que el buen uso del idioma será primordial para cualquier función periodística, el narrador deberá servirse de la riqueza del lenguaje para realizar una correcta descripción de los hechos observados, hechos que serán conta-

dos, en la mayoría de la veces, de manera vertiginosa. La máxima dificultad a sortear, al momento de explicar un suceso de dinámica permanente, será la repetición de términos o latiguillos especialmente en situaciones que ameriten una aceleración en el ritmo del relato. Esas maniobras requerirán de una terminología variada (sin utilizar palabras complicadas) expresada además con la nitidez necesaria para captar la completa atención del oyente. Manejar un lenguaje amplio permitirá un dominio íntegro de la situación sin perder el control de la misma.

La radio obligará a utilizar matices rítmicos, claves en la totalidad de la transmisión. El relator tendrá la obligación de marcarlos antes del inicio del juego y de utilizarlos convenientemente durante su desarrollo. Desde la apertura hasta el cierre, su figura demarcará el pulso colectivo asumiendo la necesidad de no dejar espacios descubiertos. No controlará las voces de sus compañeros pero será el encargado de mostrar una pauta de cómo se deberá exteriorizar, desde el sonido, el evento a cubrir. Un comienzo firme, sin gritos pero con contundencia generará un efecto dominó para los demás.

Una transmisión radial comenzará con una cortina musical identificatoria y la voz del locutor comercial describiendo la lista de anunciantes. Luego será presentado el relator del evento quien se convertirá en el principal protagonista de la escena y el encargado de garantizar la correcta participación de los demás integrantes del staff periodístico. Hasta el inicio del partido, el narrador manejará los

tiempos del aire garantizando, desde el criterio y el sentido común, una correcta distribución de voces. Esta función demandará una alta dosis de prolijidad y lucidez ya que cualquier tropiezo podría comprometer la eficacia en la cobertura pudiendo perderse algún detalle relevante.

El primer contacto entre el relator y el oyente será muy importante. Ese saludo inicial se emitirá con un tono enérgico y a la vez cálido, con un mensaje lleno de concepto y contextualizando correctamente los hechos. Será una invitación a compartir un espacio común para transitar juntos un camino imaginario alimentado desde la emoción y dominado por la pasión. Esa comunión, profundizada por la posterior diversidad de voces y acompañada por un sonido ambiente nítido, generará un clima único y cautivante.

La aparición de los demás integrantes del evento surgirá de la necesidad del momento. El orden respetará la urgencia periodística definida por la capacidad de quien comanda el espacio radial. Lo más conveniente sería introducir primero al comentarista, compañero en cabina y principal sostén durante la transmisión, sin embargo podrá alterar la rutina según las circunstancias. Muchas veces, la información se convertirá en prioridad y allí aparecerá la voz del vestuarista antes que cualquier otra para entregar un título que demandará el principal foco de atención. En todo caso, los acontecimientos marcarán directamente el pulso del escenario a describir, el cual habrá que administrar sin equivocaciones.

El relator, en su rol de modelador, saludará a sus compañeros nombrándolos por nombre y apellido, no solo por razones de respeto sino para una mejor identificación, agregando además la función a desempeñar dentro de la estructura. Intercalando su voz con la del locutor comercial, mencionará oportunamente al periodista dejándole algunos minutos para su aporte inicial y comprometiéndolo a su desarrollo en la continuidad de la emisión.

El show de voces integrará definitivamente al oyente. Ese despliegue lo impregnará del clima vivido en el lugar subiendo el nivel de expectativa a la espera del comienzo del partido. Esos momentos previos bien dosificados desde el contenido y exteriorizados correctamente entregarán un ambiente ideal para disfrutar de la impronta de los verdaderos protagonistas.

Una vez comenzado el encuentro, los tonos serán fundamentales para contar las acciones. Cada instancia del mismo será narrada con energía y fluidez. Se buscará un estilo propio evitando imitaciones. Se marcarán referencias espaciales vinculadas con el transito del balón (a la derecha, a la izquierda, círculo central, etc.) y se mencionará permanentemente el tiempo de juego y el marcador del mismo. Esto será especialmente necesario para activar la imaginación de quien no contará con la imagen como guía y se valdrá únicamente de lo que le cuentan como parámetro. Sin la exigencia de un monitor, el relator podrá gozar de una libertad moderada para equivocarse al instante de mencionar a un jugador.

Por supuesto, siempre dentro de los márgenes normales e intentando ser lo más preciso posible. La amplia gama de recursos lingüísticos le otorgará un panorama especialmente favorable al momento de referirse a los protagonistas. Además del apellido, se podrán utilizar datos como: lugar de nacimiento, procedencia deportiva o alguna característica física o apodo conocido. No se deberá abusar de ellos para no cansar al oyente ni confundirlo. En tanto, cada maniobra descripta deberá tener un principio y un desenlace siendo clasificadas según su relevancia. Esa diferenciación se aplicará con el tono correspondiente a las zonas del gráfico 1 siendo las áreas y su periferia los lugares de mayor ritmo. Serán lugares donde el narrador aplicará un relato sin apuros para garantizar un final entendible para todos.

EL GRITO DE GOL EN RADIO

El fútbol es impredecible por naturaleza. Esto sugiere vivirlo en un estado de alerta permanente ya que los mínimos detalles podrían derivar en una situación cercana al gol. La aguda observación de su desarrollo permitirá describirlos de la mejor manera posible respetando los tempos sugeridos anteriormente. Por supuesto que aquellas situaciones aledañas a las áreas serán las más cercanas a una anotación y las que entregarán la posibilidad de mostrarle al oyente la capacidad del relator para expresar el momento más sublime de su narración. El grito de gol será un sello indeleble y, por lo tanto, la marca que individualice a cada uno, será el instante que más perdurará en el tiempo y el que desatará los sentimientos más variados. A la vista de lo mencionado, 'contar un gol' será algo único, irrepetible, inolvidable, una enorme responsabilidad emotiva.

En radio, ese grito no se compondrá solo de pasión sino de un alto factor descriptivo que no deberá ser distorsionado por el ímpetu del momento. La jugada se preparará con claridad y tendrá un

final bajo el mismo tenor. Al instante del que balón supere la línea de meta, el relator realizará dos gritos, uno abrupto y otro de impulso, con el suficiente aire para no forzar la garganta y permitirle el cierre correcto de la acción. Durante ese lapso, se deberá mencionar al autor de la conversión, las circunstancias de la misma, los minutos de la anotación y el resultado del encuentro. Esa construcción verbal, enérgica y verborragia, tendrá un tiempo prudencial para ser culminada, límite marcado por la continuidad del juego y el espacio requerido para la participación del comentarista. Generalmente, la estructura se cierra con un efecto sonoro que dará paso a la explicación del analista para luego retomar la continuidad de las acciones.

EL COMENTARIO DE LA VOZ

El comentarista es el principal apoyo del relator en cabina. Su voz, sus aportes, su capacidad para convertirse, desde el ritmo, en un contrapeso serán claves para la dinámica de la transmisión. En el vértigo, su aparición tendrá la mesura y claridad necesaria para acompañar al narrador sin opacarlo utilizando los términos convenientes para describir los movimientos de los protagonistas ayudando al oyente a captarlos para un mayor entendimiento. El buen comentarista aparecerá poco y explicará mucho, será didáctico y asumirá un rol complementario pero importante dentro de la estructura radial.

El primer contacto al aire llegará tras una breve presentación del relator e inmediatamente después de la voz comercial. Esas palabras iniciales deberán contener una explicación básica del evento a describir aportando la mayor cantidad de elementos posibles para contextualizarlo. Convendrá realizar una exposición simple pero periodísticamente contundente, un pantallazo general de la situación para no quitarle protagonismo a los vestuaristas quienes se

encargarán posteriormente en profundizar la información con detalles mucho más puntuales. El límite, en tiempo y concepto, será dominado por el sentido común ya que la estructura no será tan severa como la televisiva. Sin embargo, también existirán pautas a respetar vinculadas específicamente con la realidad del acontecimiento deportivo o con la dinámica general del formato siempre condicionado por la actualidad.

El comentarista no estará obligado a contar las alineaciones de los equipos ya que los periodistas encargados de la cobertura de cada vestuario tendrán la potestad de hacerlo en virtud al acceso inmediato de la información. Si deberá analizarlas, una vez confirmadas públicamente, a modo de una opinión previa al inicio del cotejo. En otro tiempo ese análisis se denominaba 'comentario previo' circunstancia donde se intentaba adelantar las posibles incidencias del partido a observar y se entregaban, muchas veces, sentencias de carácter absolutista. Esta modalidad fue perdiendo vigor, primero por el caudal de partidos disputados en una misma jornada y después por la continuidad horaria de los mismos. De todos modos, era un recurso más para meter en clima al oyente y moderar la ansiedad por el inicio del match.

Al moverse el balón, la tarea será observar. La táctica, la estrategia, los desplazamientos, las marcas, las transiciones, los ataques, los sistemas defensivos, entre otras tantas acciones provocadas en un juego de análisis inagotable. El analista tomará nota de cada uno de los detalles para comprender el hecho y luego transmitirlo con un mensaje lleno de concepto y claridad. Los aportes serán escuetos pero contundentes y aplicados dentro de un clima de mucha intensidad. El relator deberá sentir el respaldo de un comentarista dispuesto a entregar pinceladas de lo que está pasando sin urgencias y en un tono de firmeza absoluta. Emitirá una opinión breve, contundente y descriptiva del acontecimiento que le servirá al receptor como la única guía de los hechos. Lo hará en zonas alejadas de las áreas para evitar superponerse con el narrador y permitirse redondear el análisis elaborado. En situaciones de gol, la descripción deberá ajustarse a la continuidad del partido y tener los detalles narrativos necesarios para situar al oyente en tiempo y espacio. También las referencias imprescindibles para explicar las razones por las cuales sucedieron determinadas maniobras siendo didáctico y certero en el armado y resolución de las mismas. Deberá ser implacable en las jugadas de reglamento, situación oportuna para aplicar el profundo conocimiento de las reglas de juego (requisito básico para una tarea eficaz). El rápido golpe de vista del episodio a explicar ayudará a una mejor definición a pesar de que la última palabra muchas veces sea entregada desde estudios centrales cuando el relator pida el apoyo de las imágenes emitidas por la transmisión televisiva. De cualquier modo, esta situación no debilitará el radio de acción del analista quien asimilará ese pedido como un complemento a su trabajo.

Los entretiempos serán espacios compartidos por todas las voces participantes de la emisión del evento. Cada uno aportará, desde su rol, detalles jugosos para el oyente. Probablemente quien menos protagonismo adopte sea el relator quien aprovechará el momento para bajar revoluciones y recuperar su castigada garganta. Dentro de ese panorama, el comentarista tendrá la oportunidad de entregar una semblanza de lo sucedido dentro del campo de juego. Utilizará un tono lindante a lo emotivo impregnado de una pizca de exageración e histrionismo. Se convertirá en un 'contador de novelas' cuya trama se construirá gracias al capricho de personajes vestidos con pantalones cortos.

Lo mismo ocurrirá al finalizar el partido. Después de la posibilidad de escuchar los testimonios de los protagonistas, descargar la tanda pendiente y compartir el resumen informativo de la jornada, el relator entregará la posta al analista para cerrar su contribución con el 'comentario final'. Será una construcción verbal acabada del hecho deportivo reciente compuesto por una serie de incidencias puntuales e interconectadas. Dicho mensaje deberá nutrirse de giros idiomáticos adecuados para permitir una conclusión exacta de lo observado y ayudar al oyente a una comprensión particular.

VESTUARISTAS EN ACCIÓN

El rol de informar tomará mucha importancia durante las distintas etapas de una transmisión radial. Aquellos periodistas que desempeñen la función de vestuaristas ocuparán un lugar de relevancia dentro de la estructura ya que sus voces permitirán descubrir detalles que servirán para todas las demás áreas.

El trabajo se iniciará mucho antes de salir a escena. La preparación del puesto requerirá de una etapa previa vinculada a la recolección de datos del equipo designado, un seguimiento diario de novedades que permitirá conocer profundamente la realidad del mismo generando una base datos luego aplicados al aire. Esa etapa investigativa deberá ser volcada convenientemente en una planilla (ver armado de planilla) donde también será conveniente agregar detalles puntuales de los jugadores como edad, altura, peso, etc. y más tarde exteriorizada con criterio periodístico. Este proceso deberá ser respetado convenientemente para garantizar una tarea exitosa.

Como ocurrirá con los demás roles, será el relator quien presentará al vestuarista, mencionándolo con nombre y apellido y, por supuesto, indicando que equipo cubrirá durante la transmisión. Generalmente, el encargado de la información del cuadro local será quien aparezca primero salvo por algunas circunstancias donde la relevancia de los protagonistas requiera otro ordenamiento. Esa aparición comenzará con la entrega de los principales títulos, la información más importante se brindará en un tono cautivante y de intriga para dejar la puerta abierta a la expectativa de un oyente ávido por conocer todos los detalles. Más que nunca se utilizará el sentido común y la capacidad individual para catalogar la relevancia de cada dato. También la manera de expresarlos generará un impacto si se utilizan los recursos lingüísticos convenientes.

Mientras se transitan los instantes previos al *kick off*, el vestuarista utilizará todos los recursos que tenga a mano para completar la información prometida. Esos recursos serán notas grabadas con antelación o entrevistas en vivo a personajes vinculados al club asignado. Ese camino desembocará en uno de los momentos más esperados por todos: la confirmación de alineaciones. Si bien, durante la semana, por ese rastreo preliminar realizado existirá un panorama sobre la selección de los apellidos para disputar el encuentro, la oficialización de la planilla seguirá siendo vital para un momento de radio único. Una vez que el vestuarista anuncia la confirmación de los mismos, se preparará un ambien-

te especial para realizar la esperada enumeración de los jugadores titulares y suplentes, pocas cosas serán tan disfrutadas por los receptores como ese instante que indefectiblemente lo meterá en clima de partido.

Las intervenciones durante el juego serán acotadas pero ilustrativas. Se contará con la dificultad de la ubicación ya que por una cuestión de derechos los vestuaristas difícilmente puedan desempeñar su tarea cerca de los bancos o en zonas bajas del estadio. Será habitual verlos en la tribuna, una posición, muchas veces, más alejada de lo conveniente. Sin embargo, a la hora de participar este escollo deberá ser sorteado con repentización y frescura utilizando al máximo la imaginación. El bagaje informativo ayudará a interpretar mejor algunas sensaciones difíciles de advertir a la distancia. Al mismo tiempo, las incidencias (amarillas, rojas, cambios, entre otras) deberán ser emitidas sin fallas considerando que quien las escucha pocas veces sabrá la locación del periodista. Jugar con la imaginación, pero sustentarse en lo conocido será la mezcla ideal para aplicar durante el desarrollo de las acciones.

La función se completará con las notas post partido. Se tomarán los testimonios de los jugadores en zona de vestuarios o lugares autorizados para trabajar. Las entrevistas tendrán poco tiempo de preparación por lo que las respuestas parecerán siempre repetidas. Sin embargo, los testimonios serán más valiosos por aparición que por contenido ya que las condiciones para trabajar no siempre se-

rán las ideales. Obviamente, si se agudiza el ingenio y se escucha lo que responde el protagonista quizás se logrará extraer una declaración que supere lo convencional.

ESTUDIOS CENTRALES EN ACCIÓN

Es una de las áreas más importantes dentro de la estructura radial. Las transmisiones deportivas se notarán vacías si no se cuenta con un periodista que se encargue de realizar una tarea por demás especial y que requiere de mucho tiempo de preparación. En la dinámica de la emisión del evento se constituirá en una rueda de auxilio constante, una pared confiable para asociar en momentos puntuales del aire.

Generalmente, aquellos comunicadores que desempeñan este rol gustan de las estadísticas, las cuales se encargarán de actualizar día a día y las que entregarán durante cada emisión con pasión y profesionalismo. La capacidad para conseguir 'el dato' al momento de ser requerido es producto de una elaboración preliminar basada en un archivo personal armado con notable dedicación. La búsqueda denodada por ciertos detalles más la manera

de ser exteriorizados los convierte en verdaderos especialistas.

El encargado de realizar estudios centrales, con las particularidades antes descriptas, convivirá con los demás integrantes de la transmisión esperando a ser llamado a intervenir. De este modo, su grado de alerta deberá ser agudo para poder participar, sobre todo, durante el desarrollo del partido. En la previa y el post, las intervenciones se convertirán en momentos característicos y tácitamente convenidos, será un espacio para desplegar todo el arsenal informativo de la jornada agregando la impronta de un puñado de datos específicos recogidos de aquel archivo individual.

Al momento de iniciarse la transmisión con la voz comercial y el saludo del relator, comenzará el trabajo de estudios centrales quien concentrado esperará su turno. El narrador presentará a sus compañeros en el estadio y luego abrirá la puerta para que su presencia sea escuchada por el receptor. Esa primera intervención servirá para resumir los títulos más importantes del día. Todo acontecimiento deportivo que merezca ser incluido en esa lista deberá ser mencionado y resaltado siempre bajo un criterio periodístico eficiente. Si bien, no será el momento adecuado para amplificarlos, se contarán con un buen tono de voz y de manera entendible. No se deberá "correr al aire" con intenciones de meter todo el material de golpe ya que el vértigo, en este caso, perjudicará el grado de entendimiento del oyente. Además del resumen, se podrán refrescar algunos detalles vinculados al contexto del evento a transmitir como por ejemplo: la tabla de posiciones del certamen (se nombrarán los puestos principales), el calendario de la jornada en cuestión, los goleadores, etc.

Ya con el juego comenzado, las exigencias serán superiores. No habrá tanta comodidad para emitir el mensaje ya que el rigor del partido marcará seguramente una pauta en el tiempo. El relator, condicionado por el ritmo de las acciones, administrará convenientemente las intervenciones generales y, por supuesto, las vinculadas con la función en cuestión. Oportunamente, lo invitará a participar esperando un aporte corto pero contundente. Allí, privará el poder de síntesis, la repentización y la correcta elección del dato a entregar. Deberá comprender que el juego dura noventa minutos y que existirán varios instantes más para hablar. La inteligencia será clave para aprovecharlos.

Las jugadas de reglamento serán resueltas por el comentarista en cancha, pero muchas veces en estudios centrales se colaborará en la sentencia. Es costumbre que el analista se apoye en la visión del periodista ubicado en la radio ya que este contará con la posibilidad de observar la maniobra en cuestión desde un monitor y, varias veces, gracias a las repeticiones televisivas. Desde ya el conocimiento de las reglas será otra de los elementos a considerar para una mejor comprensión de lo sucedido y fundamental para aclarar la duda existente.

En el entretiempo, habrá menos urgencias. Si bien, la tanda comercial y el análisis del comentarista ocuparán un buen espacio, podrá gozar de varios minutos para brindar un bloque de información actualizada. Otra vez se hablará de lo sucedido en la jornada, se refrescará la tabla de posiciones, se resaltarán algunos ítems estadísticos y se acercará un panorama general con lo más valioso del momento. La modulación, los matices rítmicos y la firmeza al describir los hechos serán elementos claves para afianzar en el receptor la credibilidad de lo que recibe.

El final del encuentro abrirá otra vez un espacio para expresarse. Condicionado por la continuidad de los eventos, no siempre el hombre de estudios tendrá tiempo para cerrar completamente su tarea ya que en varias oportunidades seguirá al aire, aún cuando cambie el escenario del partido y sus narradores. Sin embargo, al momento de poner la firma a su trabajo armará una síntesis nutrida de todo lo acontecido en materia deportiva, un panorama detallado que le permita al oyente culminar su vínculo con el receptor, bien informado.

LOCUCIÓN COMERCIAL EN ACCIÓN

El objetivo de la locución comercial es darle vida a un guión que contenga un mensaje publicitario seductor hacia el oyente con el fin de motivarlo o seducirlo a tomar una determinada decisión. La definición empírica no siempre alcanzará para describir los alcances reales de su función dentro de una transmisión deportiva. El locutor, además de leer la tanda, oficiará de una rueda de auxilio permanente para los integrantes de la misma, especialmente del narrador quien utilizará esos pequeños momentos para tomar aire y seguir con su trabajo.

La figura del locutor abrirá la emisión del evento presentando la lista de anunciantes. Su voz enfática y potente acompañada de una entonación especial será una invitación para que el oyente se sume al show radial y empiece a transitar el camino señalado por quienes contarán los hechos. Acto seguido nombrará al relator, generalmente usando el mis-

mo tono, y se abocará a la tarea puntual de venta publicitaria.

Sus intervenciones posteriores precederán a la presentación de cada miembro del staff periodístico y durante el partido acoplará su ritmo al del juego. Deberá mantenerse alerta para ocupar los vacíos dejados por el relator durante el desarrollo del encuentro y procurará ocuparlos conservando la dinámica de la emisión. Se mantendrá agazapado para un posible rescate de algún miembro de la transmisión imposibilitado de participar por cuestiones técnicas o de otra naturaleza.

Para el mejor cumplimiento de sus tareas su ubicación debería ser en la misma cabina que la dupla de relato y comentario.

CONEXIONES Y PERIODISTA VOLANTE

La naturaleza de sus funciones es básicamente informativa. Sus intervenciones permitirán sumar más voces en un despliegue periodístico enriquecedor para el oyente aportando contenido y profundidad a la cobertura del evento.

El periodista encargado de una conexión, rubro cada vez con menos vigencia por los horarios continuos de los encuentros futbolísticos, se convertirá en los ojos del receptor en un estadio ajeno al elegido por la transmisión central. Para tal fin, sus recursos serán variados y criteriosos interpretando que será el único nexo entre las partes vinculadas ya que además del receptor, los integrantes de la emisión del juego principal tomarán sus palabras como sentencias concretas de lo acontecido en ese lugar.

En la presentación se ocupará de contar todos los detalles posibles para describir lo que vendrá a continuación. El ambiente donde se desarrollará el partido, las novedades de los equipos y la expectativa del público serán parte del repertorio a utilizar para 'empapar' al oyente de información necesaria. Lo hará con la prudencia lógica de quien asume un rol complementario dentro de la estructura sin pretender hablar demás ni volcar ese caudal informativo de golpe. Cerca del pitazo inicial, el relator le pedirá las formaciones oficiales, las cuales se brindarán de corrido pero esperando el auspicio correspondiente. Para completar, se nombrarán a los jueces.

Una vez que el juego se encuentra en plena disputa, la conexión tendrá dos fases para participar: en la primera será llamado a intervenir desde la cabina principal en el momento que periodísticamente se crea conveniente. Esta circunstancia dependerá del ritmo del partido narrado y del criterio del propio narrador. Al ser consultado por las incidencias, se realizará una exposición breve y descriptiva cerrándola con el tiempo de juego y marcador. La segunda fase vendrá de la mano de un gol o de alguna alternativa muy importante. Ocurrido el hecho, la conexión esperará un bache para realizar el anuncio con tono enérgico irrumpiendo en el aire de manera abrupta, pero con el tacto suficiente para no 'pisar' una maniobra relevante. Autorizado a explayarse, el periodista contará la incidencia puntual nombrando a los protagonistas y explicando las causas del hecho. Si es una anotación, dirá nombre del autor, tiempo de juego en que se produjo el tanto, describirá brevemente la jugada y devolverá al relator con el marcador del partido en ese momento. El final de la etapa inicial será anunciado como una guía para quienes componen la transmisión principal y, por supuesto, para los oyentes. Otra vez, aparecerá al aire con un llamado enérgico y esperará que el relator principal lo autorice a explayarse. Durante ese momento, dirá el marcador del juego y compondrá una brevísima síntesis de las acciones, si es que el duelo cabecera aún continúa en disputa. De otro modo, esa descripción podrá ser un poco más extensa pero siempre dentro de los parámetros complementarios que este rol ocupa. Concluido su evento, la conexión notificará al aire el desenlace marcando, con tono firme, el resultado final. Cuando consideren oportuno desde el estadio base, permitirán una reseña más detallada de lo sucedido (se mencionarán autores de los goles, tiempo de anotación de los mismos y si hubiera, las incidencias principales). No dejará su puesto de trabajo hasta ser despedido al aire por el relator y allí continuará su tarea en zona de vestuarios para la recolección de testimonios.

En tanto, el periodista volante integrará la transmisión principal como una voz alternativa y complementaria del evento. Su posición rotará por los lugares periféricos al estadio o dentro del mismo en zonas estratégicas según criterio del productor periodístico aunque muchas veces, será el propio olfato periodístico el que determine donde ubicarse para lograr el efecto pretendido. Ese efecto se vincula con el despliegue, la misión del 'volante' será la de sumar voces que permitan al oyente situarse

imaginariamente en el lugar, voces de simpatizantes que van llegando a la cancha, descripción del operativo de seguridad desplegado para la ocasión, personajes públicos, etc. La gama de recursos será muy amplia para generar esa sensación de empatía buscada. También bajo su radio de acción, surgirá la cobertura de cualquier incidente que ocurra independientemente de lo deportivo gozando de la soltura propia de su función para atender en cualquier sector del escenario (in situ o aledaño al mismo), una situación de esa naturaleza. Deberá contar con un vocabulario extenso y conocimientos que permitan una cobertura eficiente de los mismos aplicando métodos más cercanos al periodismo general.

EN VOZ ALTA

Relatar fútbol es como hacer el amor y gritar un gol es llegar al orgasmo.

Suena exagerado, pero los relatores vivimos exagerando. Un gol que podría hacer cualquiera es un golazo y una pelota que voló a cinco metros del vertical izquierdo pasó rozando el palo.

Me gusta relatar. En realidad, me gusta narrar. Es un arte como la pintura, el dibujo, la escritura. Es un trabajo artesanal. Y no solo relatar deportes. Como movilero, me ha tocado narrar un incendio, un tiroteo, la llegada de un presidente constitucional al aeropuerto de mi ciudad, una puesta de sol, una lluvia, un naufragio, un piquete.

Mis amigos del Barrio Los Pinares de Mar del Plata juran que cuando jugábamos a la pelota, desde el arco (mi puesto), yo relataba el picado. Y aumentan la apuesta diciendo que lo hacía con una latita de atún La Campagnola y un piolín, como si fuera un micrófono. No recuerdo que haya sido así, pero no me atrevo a refutar la leyenda urbana.

Llegué a ésta profesión luego de una patada artera que frustró prematuramente mis sueños de futbolista. Imaginen la situación: un joven con la rodilla estropeada para siempre sin saber qué hacer con su vida, en la que había solamente una pelota a la que ya no volvería a atrapar entre sus manos.

Con los años, aquél rencor que guardaba por el sicario que me partió en dos en una cancha que ya no existe se transformó en un sincero agradecimiento. Como futbolista no hubiese llegado a nada. De no mediar ese golpe criminal, no hubiese conocido gran parte del mundo, no hubiese relatado decenas de copas, mundiales, Juegos Olímpicos, etc.

Sí, me gusta transmitir fútbol. Es un trabajo artesanal pleno de improvisación en todo momento porque los partidos carecen de libreto Y transmitirlo por la radio, no por la tele.

En la radio, un partido se cuenta con palabras. En la tele podes hacer un silencio porque manda la imagen. En la radio, el silencio se llama bache. Hacen falta palabras, muchas palabras y yo me llevo bien con las palabras. Coqueteo con ellas, las saco a bailar, me enamoran las palabras.

Relato fútbol. Leo en voz alta lo que los jugadores escriben con los pies.

Walter Saavedra
Periodista, relator, escritor.

COMO EL IDIOMA ITALIANO...

Mediodía de domingo, asado con amigos.

Hace muchos años de esto. Como 30. Debía ser 1983. El asado era en una casa quinta, cerca de Berazategui. El concepto "casaquinta" implica, además de asado, pileta, chicas, sol, calor. A eso de las 3 de la tarde, me fui. No tenía auto. Fui con el de mi viejo. Mis amigos no podían entender que me fuera a las 3 de la tarde, cuando todo está por suceder. En 1983, yo tenía 22 años. Todo estaba por suceder. Esa tarde y todas las tardes.

Sin embargo, me fui. Calor, bermudas, ojotas, remera, panza chata, pelo negro, gotas de sudor corriéndome por la cara. Me fui feliz. Llegué a casa, en la calle 114, también en Berazategui. Estaba mi vieja. Apenas tuve tiempo de saludarla. Agarré un bolso que usaba para trabajar y salí rápido hacia la parada del colectivo 159. Me subí en 114 y 14 y bajé en 12 de Octubre y Camino General Belgrano, Quilmes Oeste, bien Oeste. Paré un 278 que iba a Lomas. Me dejó en la cancha de Temperley. Llegué

bien, con tiempo. Jugaban Temperley y Racing de Córdoba. Era el último partido en el orden de importancia. Yo trabajaba en la transmisión que comandaba Carlos Parnisari, en ese entonces, un lejano tercero después de Víctor Hugo y Muñoz. Hacía doblete: conexión para Radio Colonia y comentario para *Diario Popular.*

Desde entonces, cada partido al que voy a trabajar es la final del mundo. Todos. Incluso, cuando comenté la verdadera final del mundo en Francia 98, la de el local y Brasil, acompañando a Víctor Hugo. En aquel tiempo, me juramenté llegar a comentar partidos importantes. Recuerdo aquello con especial cariño. Era todo muy artesanal, muy "a mano". Eramos menos y esto generaba cierto vínculo con futbolistas y entrenadores que hoy no existe, un poco por la cantidad de periodistas y de medios que todos los días están en los entrenamientos y otro tanto porque entre los jugadores y la prensa hay demasiada gente enferma de importancia que muchas veces impide el contacto entre ellos y nosotros.

Temperley ganó 3-0 ese partido. Me acuerdo de Marcelo Aldape, del Mudo Cassé, de Eduardo Massotto, de Ricardo Dabrowski, de Juan Carlos Piris, del Flaco Zuccarelli. Al igual que los pibes de ahora, pasaba por la cabina de Víctor Hugo, veía a Néstor Ibarra y, no solo creía que podía estar ahí tranquilamente, sino que hasta lo haría mejor que Ibarra. Hoy, esto es más fácil de ver gracias a las redes sociales. Cualquier periodista con una respetable carrera de 30 años escribe algo y sale una horda de muchachos con la adolescencia recién terminada (y algunos que todavía están en ella) diciendo cosas como “qué partido viste”, “dedicate a otra cosa” o “nunca jugaste al fútbol”. En aquel tiempo, no había redes sociales. Ni siquiera celulares. Y si bien pensábamos equivocadamente que éramos mejores que Ibarra, Niembro y Macaya juntos, la realidad es que comentar fútbol en un medio, al más alto nivel, no es fácil. Al contrario, es muy difícil.

La primera vez que comenté un partido de fútbol –como comentarista “titular” de una transmisión— fue por 1990, en una radio trucha que seguía a Quilmes. Eso fue en la vieja cancha de Deportivo Morón. Me preparé como si fuera a comentar una final de Champions. Ese día entendí que esto no es tan fácil como se ve de afuera. Necesita ritmo, concepto, frases cortas y sustanciosas, algo de ingenio gran poder de observación, agudeza, neutralidad, cero preconcepto... Y estas cuestiones –que no son todas—no se consiguen enseguida. Se logran a través de mucho tiempo. Tanto es el tiempo que se tarda, que uno nunca termina de quedar conforme con su manera de comentar fútbol. La mejor alimentación para explicarle a la gente por qué ocurre lo que ocurre en un partido de fútbol son las charlas con los entrenadores. Ahora, por cuestiones que cité más arriba, charlar con los más importantes se complica mucho. Se convirtieron en rockstars. Pero todavía se puede conseguir un café con técnicos que no dirigen equipos de los más grandes. Lo ideal es

hablar con ellos antes de un partido, que te cuenten lo que van a hacer y, después, ver si lo hacen bien.

Esas conversaciones con entrenadores nos van a abrir la cabeza, nos alejarán de los fundamentalismos. Uno escuchará a un técnico de un cuadro modesto explicar cómo piensa jugarle –y ganarle– a un cuadro grande. Y el DT del grande, nos dirá qué hará para superar a un rival que quiere impedírselo. Uno tiene que estar abierto a las dos maneras de encarar el mismo partido y explicar que tenían pensado, qué salió y qué no. Y hay que bajar el nivel de ego: nuestra opinión general sobre determinadas cosas nunca supera al hecho que está ocurriendo. Si nosotros pensamos que se debe jugar al fútbol de tal o cual manera, no es importante. Lo importante es la estrategia y la táctica que los entrenadores diseñaron para el partido que estamos comentando y, sobre todo, si la pudieron llevar a cabo o no.

También es casi un rito obligado el seguimiento de los equipos a los que uno le toca ver el fin de semana. Ir a la cancha informado ayuda mucho a conocer intenciones, ideas, necesidades, miserias, carencias y virtudes. Comentar fútbol es apasionante. Es prueba y error. Comentar en televisión es muy difícil porque uno está muy expuesto y la tele tiene formas a las que uno tiene que adaptarse. Ahí hay imagen. Entonces, hay que explicar por qué pasa lo que estamos viendo, no contar lo que estamos viendo. Y hablar más pausado que en la radio. Meterse en el relato de televisión con la continuidad de la radio puede ser sofocante, puede llegar a aturdir.

En la radio, es clave el ritmo y el conocimiento con el relator. Ahí no hay monitores a los que esperar para opinar sobre seguro, como en la tele. Ahí dijiste "penal" y dijiste "penal", no hay vuelta atrás. Y eso genera un nivel de adrenalina intransferible. Es como para el actor hacer teatro. Hay que salir a escena y hacer su papel todos los días en el nivel más alto. Dice mi compañero y amigo Daniel Arcucci: "El comentario de fútbol es como el idioma italiano. Todos creen que saben y que lo hacen bien. Pero, en general, es todo lo contrario".

Comentar fútbol por radio es vivir el fútbol, es sentirlo. Comentando fútbol por radio uno entiende por qué eligió esta profesión. Y todos los sacrificios y los domingos de trabajo estarán plenamente justificados. Felizmente justificados.

Diego "Chavo" Fucks
Periodista, comentarista, escritor. Fox Sports y Radio Del Plata. Integró durante años el equipo periodístico de Víctor Hugo Morales en Radio Continental

---

"El fútbol no existe, existe el relato de fútbol. Durante mucho tiempo, el fútbol fue para mí un relato. Yo vi por primera vez un partido en vivo a los 18 años, cuando vine a Buenos Aires, en el año 64. Hasta entonces, para mí Boca había sido una transmisión radial, el resultado de una narración. Yo era hincha de Boca pero no lo había visto jamás, sólo tenía referencia de las revistas que leía y los partidos que escuchaba porque no había otra forma.

Yo tenía 6 años y escuchaba los partidos con mi viejo. Tengo el recuerdo perfecto de Fioravanti, de Aróstegui, de Veiga, de Lalo Pelicciari. Veiga fue el primero que tuvo una transmisión partidaria, seguía la campaña de Boca. Él tenía una manera de relatar muy excesiva, muy exagerada, fue el primero que gritó el gol. Además, tenía un modo diferenciado de gritar los goles: los de Boca los gritaba con el alma y los de los rivales apenas los mencionaba. Pero el relato radial se modificó cuando apareció la tele. El "Gordo" Muñoz tuvo que competir con la televisión, por eso el detallismo y la calidad de sus transmisiones. Más allá de cualquier consideración ideológica, Muñoz inventó un montón de cosas, él contaba realmente lo que pasaba en la cancha. Si uno escuchaba a Veiga, a Aróstegui o a Fioravanti, el relato era una descripción muy general de lo que pasaba, contaban las consecuencias más que los hechos. Como no había que competir con la imagen, el partido lo contaban, no lo relataban en detalle. Fioravanti tenía frases como 'entrega la pelota a un compañero', 'saltan varios hombres' o 'se produce un amontonamiento de jugadores'. Aróstegui, por ejemplo, tenía un sinfín de frases hechas y mi viejo siempre decía que los partidos que transmitía él eran todos iguales. Las fórmulas eran tantas que yo me las acuerdo con exactitud: "El esférico sale del campo de juego, será el encargado de ponerlo otra vez en movimiento el jugador...". En esa época, la narración podía ser más o menos apasionada, pero no era una cuestión de precisión, ni siquiera decían en qué lugar de la cancha estaba la pelota. Todo estaba dado por el tono, algunos hacían un relato romántico, otros más folletinesco; ahí aparecían los subgéneros de la narrativa.

Siempre el relato es una construcción verbal, una creación de mitologías. Además, cada partido de fútbol es una historia, más allá de que el resultado sea una cifra numérica. El desarrollo de cada partido es un suceso, y ese suceso es una historia, un cuento. Porque el fútbol, al cabo, no es más que un relato".

Extracto de una entrevista realizada por Narrativa Radial al escritor argentino Juan Sasturain, setiembre de 2013.

LA IMPORTANCIA DEL ENTRENAMIENTO RESPIRATORIO

Quien utiliza su palabra hablada como herramienta de trabajo o expresión artística debería realizar entrenamiento vocal con un profesional.

Los diferentes profesionales de la voz (actores, docentes, locutores, periodistas, etc.) tienen diferentes exigencias vocales de acuerdo a las diferentes actividades y a su vez en las mismas profesiones hay diferencias; los periodistas deportivos son un ejemplo de ello: no tiene la misma exigencia vocal un comentarista que un relator, así como no es lo mismo para un relator de fútbol de radio que para uno de televisión.

El relator de fútbol de radio, además de tener muy buena dicción (en realidad todos aquellos que trabajen en un medio de comunicación audiovisual deberían tenerla) necesita de un excelente manejo del aire ya que con las inflexiones de su voz expresa la emoción de las jugadas que se suceden velozmente y esta situación llega al clímax en una jugada

de gol; mientras que el relator de fútbol de TV puede ser algo más "relajado" ya que su voz es el apoyo a la imagen del partido.

¿Por qué es necesario el entrenamiento respiratorio? Aunque parezca raro, mucha gente no sabe que para hablar usamos el mismo aire que usamos para vivir.

Para poder alimentar a las células de nuestro cuerpo necesitamos el oxígeno que ingresa en cada respiración que hacemos: cuando inspiramos entra el O2 y cuando espiramos sale el CO2. Este mecanismo vital se produce de tal manera que es más largo el tiempo de la inspiración que el de la espiración (el aire sale más rápido de lo que entra).

En cambio, cuando hablamos los tiempos de este mecanismo se invierten tanto que llegamos a hacer la inspiración igual o más rápida pero la espiración se realiza mucho más lentamente y, a medida que sale el aire, modulamos las palabras habladas.

Dicho de otra manera: el "mandato biológico" le dice a los músculos que se relajen rápido una vez que se contrajeron en la inspiración, para que entre el oxígeno, pero para hablar necesitamos exactamente lo contrario: que se relajen tan lentamente como lo requiera la emisión que tenemos que hacer y aprender a ir recuperándolo de manera rápida mientras hablamos para mantener estable nuestro discurso.

Por eso es fundamental para quien vaya a usar su voz como herramienta de trabajo o de expresión artística, realizar el entrenamiento de su respiración para aprender a dosificar el aire espirado y lograr así un rendimiento óptimo de su voz y su palabra así como también disminuir las probabilidades de tener una patología vocal inhabilitante parcial o totalmente.

CONSEJOS PARA EL CUIDADO DE LA VOZ

Generales

✓ No fumar (el cigarrillo es la causa de muchas enfermedades en las cuerdas vocales incluido el cáncer de laringe).

✓ Es fundamental el entrenamiento vocal.

✓ Tomar abundante agua antes, durante y después de usar la voz.

✓ Evitar el abuso vocal. No hablar mucho por teléfono.

✓ Carraspear y toser, para "aclarar la garganta", son costumbres dañinas para las cuerdas vocales.

✓ Dormir las horas necesarias para que el cuerpo recupere energía.

✓ Evitar el alcohol ya que provoca deshidratación de las cuerdas vocales.

✓ Hay alimentos y bebidas que favorecen la producción de reflujo gastroesofágico. Evitar inge-

rir estos productos (tomate, chocolate, fritos, alcohol, picante, cítricos, mate, te, café y otros).

✓ Realizar controles periódicos con el médico laringólogo y, fundamentalmente, ante cualquier cambio en la voz que dure más de una semana.

✓ No automedicarse ante un síntoma vocal.

Específicos, para antes y durante una transmisión

✓ Beber abundante agua.

✓ Realizar calentamiento vocal antes de utilizar la voz profesionalmente (así como el deportista hace "precalentamiento" antes de ingresar a la cancha).

✓ Hacer ejercicios de labios, lengua, mandíbula (praxias orofaciales) para optimizar el trabajo de los músculos de la dicción.

✓ Tener un buen retorno auditivo para evitar un esfuerzo vocal innecesario.

✓ Realizar enfriamiento vocal al concluir el trabajo vocal.

✓ No comer pastillas mentoladas.

✓ No beber gaseosas.

✓ No ingerir lácteos (generan saliva más espesa).

✓ No mascar chicle (aunque parezca una obviedad decirlo...).

✓ Comer liviano y alimentos de fácil digestión.

Débora Gutkin

Licenciada en Fonoaudiología UBA MN 2082, Docente Titular en la Carrera de Locución (Co.Sal), Presidente de la "Sociedad Argentina de la Voz" SAV. Dedicada a la educación y reeducación vocal y de la voz profesional. Entrenadora vocal de elencos teatrales. Participa como disertante en diferentes eventos científicos nacionales e internacionales.

www.deboragutkin.com.ar
info@deboragutkin.com.ar

ARMADO DE PLANILLAS PARA RELATO, COMENTARIO Y CAMPO DE JUEGO O VESTUARIO

El primer paso para encarar cualquier tarea será encontrar una Metodología de Trabajo. Una manera que permita repetir algunos patrones de conducta que garanticen el marco de seguridad necesario para proporcionar un clima de satisfacción acorde a la magnitud del desafío buscado. La función periodística requiere de un nivel de preparación muy alto por su condición competitiva y comparativa. Cada intervención se tomará como una gran oportunidad de superación en un intento por acercarse a la vaga sensación de excelencia ya que el conocimiento total será infinito y el aprendizaje constante.

Cumplir una función periodística dentro de una transmisión deportiva también necesitará de una formación inicial y de elementos internos y externos que garanticen una evolución. El deporte entregará un ámbito proclive para desarrollar capacidades de observación hasta llegar a una posterior instancia

de narración o descripción que colabore con la interpretación de los hechos.

La exteriorización será la última etapa de un recorrido que se alimentará de una tarea 'invisible' compuesta por la lectura, la escritura, la curiosidad, la investigación y el ánimo por diferenciarse de lo común. Elementos que generalmente no se exhibirán en público pero dotarán al mensaje de la calidad necesaria para moldear un sello personal sí captado y valorado por el emisor de turno.

El bagaje formativo necesitará indefectiblemente ser ordenado, primero en la mente y luego plasmado en una hoja o papel que oficie de guía. De poco servirá prepararse correctamente, si no se utilizan los recursos tangibles que den forma a esa exteriorización antes mencionada. Qué se dirá, cómo se dirá y de qué forma se estructurará serán las claves para llegar mejor dotado a la labor asignada.

En este aspecto surgirá la diversidad de estilos emparentados con la impronta personal, pero también aparecerán puntos comunes e imprescindibles los cuales convendrá respetar para alcanzar el nivel básico de elaboración que garantice un mejor desempeño durante el evento.

PUNTOS BÁSICOS

Más allá del nivel de preparación individual existirán datos comunes aplicables a cualquier nivel de cobertura periodística y adaptable a la función desempañada por cada integrante. Los mismos tendrán su punto de partida desde lo macro o global para avanzar hacia un aspecto mucho más pormenorizado. Esos detalles, producto de una búsqueda previa, serán canalizados en una planilla que según el rol de cada integrante, verá alterado su diseño para facilitar una mejor comprensión durante la transmisión. Lugar, contexto, nombres propios de los protagonistas, distribución, origen e identificación de los mismos, incidencias, modificaciones y estadísticas serán parte del temario infaltable para asegurar la completa creación del mensaje a emitir.

Planilla 1: campo de juego o vestuario (gráfic o A)

El rol ameritará la elaboración de una planilla bien cargada de detalles, los cuales serán colocados en una sola hoja para ser detectados fácilmente durante la transmisión. La agilidad y repentización para contar una información al momento de ser requerida se constituirá en un aspecto muy importante y en la posibilidad de realzar ante la opinión pública el trabajo de búsqueda ya descripto. Convendrá colocar los datos de manera vertical empezando por el nombre del estadio, el número de la jornada a disputar y quienes serán los integrantes de la cuaterna arbitral. Sin fijar una regla estricta al respecto, los detalles mencionados deberían ser anotados en el margen superior izquierdo del papel o, de elegir otro sitio, respetarlo siempre para una mejor identificación. Si bien, cada encuentro será diferente, la estandarización de estos ítems podría tomarse como un puntapié informativo habitual al momento del armado.

De identificar el contexto, se seguirá por incluir los aspectos informativos puntuales del equipo a cubrir(a veces un campo de juego cubre ambos bancos) incluyendo los posibles cambios de jugadores en relación al último encuentro, los motivos de esas modificaciones (suspensión, lesión, etc.), próximos rivales, ubicación en la tabla de posiciones y algún aspecto estadístico vinculado con racha de resultados y/o enfrentamiento entre los conjuntos en cuestión. Concluida esta etapa quedará conformado el encabezado de la planilla con los elementos indispensables para, por ejemplo, poder encarar la primera intervención del evento en la presentación. Sin embargo, quedará absolutamente incompleta para la continuidad del mismo necesitando profundizar en datos más abundantes para sostener durante noventa minutos apariciones despojadas de reiteraciones y matices.

A continuación, se empezará por enumerar el nombre de los protagonistas, desde el portero, hasta el último suplente incluyendo, por supuesto, el nombre del entrenador. Se hará una segmentación según detalle táctico, es decir, si el mismo incluye cuatro defensores, cuatro medios y dos puntas dividiendo el diseño con una línea que contenga los nombres de los futbolistas en cada rol. Una vez ubicados, con el número de camiseta correspondiente, se agregarán los siguientes datos: edad, altura, peso, partidos disputados, goles convertidos, tarjetas recibidas en la temporada y procedencia. Si existe algún otro detalle que merezca ser destacado se incluirá según el criterio de valoración individual. Será importante asumir que a mayor volumen de información mejor se podrá describir lo que está sucediendo. Los límites serán impuestos por la propia imaginación.

Planilla 2: relato (gráfico B)

Si bien la distribución de lo imaginado cambiará el formato de la planilla, algunos aspectos de las utilizadas para campo de juego o vestuario serán similares. También existirá la necesidad de contextualizar el evento especificando detalles como nombre del escenario, jornada disputada y realidad de ambos equipos. Estos aspectos serán incluidos en el papel y utilizados al aire, mayormente, en la presentación de la transmisión.

La máxima diferencia estará en la ubicación de los nombres de los jugadores quienes deberán preferentemente ser colocados de manera horizontal y respetando la posición que tendrán dentro del terreno. Este diseño llamado 'canchita' ayudará al relator a definir el teórico módulo táctico utilizado por los entrenadores ayudando a una narración mucho más certera. Dicha distribución podrá ser plasmada en una sola hoja colocando el nombre y posición de los jugadores en la mitad del campo que corresponda (ejemplo 1) o bien anotándolas en concordancia con la diseminación real diferenciando con un color diferente cada formación para una rápida identificación durante la narración (ejemplo 2).

Más allá de cualquier patrón personal, se sugiere agregar a cada nombre alguna especificación que permita ser utilizada como sinónimo durante el aire. Se podrán anotar detalles vinculados a perfiles (zurdo o derecho), a procedencia deportiva, a origen de nacimiento, etc. Todo recurso será conveniente para enriquecer el mensaje y evitar las reiteraciones al momento de mencionar a los protagonistas.

Planilla 3: comentario (gráfico C)

La característica de la función permitirá gozar de un poco más de tiempo para interpretar aquello que pretende un entrenador como estrategia para vencer a su oponente. Sin embargo, la táctica tendrá que ser detectada de inmediato para graficarle al receptor el punto de partida de los jugadores dentro del campo de juego. Para conseguir esa rápida identificación, el analista armará una planilla de fácil lectura y rápida comprensión.

Tal cual sucede con las anteriores, los datos de contexto serán colocados en el encabezado de la hoja. Nombre del certamen y jornada de disputa serán aspectos necesarios para destacar aunque los más valiosos, en este caso, sean aquellos que generen una visión nítida del posicionamiento de cada equipo. Por eso, destacar la táctica será el primer paso para empezar un diseño adecuado (4-3-3 o 4-3-1-2), leyenda que podrá ser anotada en la parte superior de la hoja o en algún lugar bien localizable según criterio personal. A continuación, se enumerará cada jugador según posición y, por supuesto, respetando aquel módulo táctico. Será conveniente iniciar la descripción dividiendo el papel en dos mitades iguales, colocando en la primera la distribución de los integrantes del conjunto local y en la segunda, la visita. El nombre del futbolista irá

acompañado del dorsal correspondiente pudiéndole agregar algunos detalles más como: cantidad de goles, amarillas, origen, etc. Por supuesto, cada profesional será libre de sumar cualquier otro ítem que considere útil para su desempeño al aire. También serán incluidos: los nombres de los relevos (colocados según puesto a desempeñar), nombre del entrenador y los árbitros.

COMENTARIO *OFF TUBE*

El comentarista será quien más vea afectada su tarea en el formato *off tube*. La naturaleza de su función, compuesta por el análisis táctico y estratégico del juego, quedará alterada principalmente por la imposibilidad de observar el 'paisaje' completo del partido. El seguimiento al balón por parte de las cámaras de la señal original mostrará solo una porción de los acontecimientos dejando de lado la ‹otra mitad› del asunto. El valor del ambiente como atmósfera de un evento tampoco podrá ser percibido de manera cabal cuando la distancia se transforma en el principal obstáculo. Sin embargo, la capacidad de comprensión recurrirá a herramientas de profundo conocimiento previo, las cuales, serán aplicadas para una descripción profunda y acabada más allá de las circunstancias. Ese trabajo permitirá contar con una plataforma adecuada que ayudará a sortear la dificultad reinante, sin alterar demasiado el armado del concepto necesario para explicar las incidencias del encuentro.

ÁRBITRO: NÉSTOR PITANA (42)

1ºASISTENTE: HERNÁN MAIDANA **2ºASISTENTE:** JUAN BELLATTI **4TO ÁRB:** FEDERICO BELIGOY

INFO EQUIPO

INFO ESTADÍSTICA

GOLEADORES GIGLIOTTI, RIQUELME, SÁNCHEZ MIÑO, FORLÍN — 1 GOL

1	AGUSTIN ORIÓN (32)	157 PART. EN 1º	89 EN BOCA	3 AMARILLAS	JUGÓ EN: CASLA ESTUDIANTES		1,90
15	LEANDRO MARÍN (22)	NEUQUÉN	19 EN BOCA	SIN GOLES	DEBUTÓ EN: TEMPERLEY 2009/2010	1 AMARILLA	1,81
2	DANIEL DÍAZ (34)	CATAMARCA	297 PARTIDOS	13 GOLES 3 GOLES EN TEMP. ACTUAL			1,82
6	JUAN FORLÍN (26)	RECONQUISTA	143 PARTIDOS	5 GOLES	EX ESPANYOL	1 AMARILLA	1,79
13	EMANUEL INSÚA (22)	CAP. FED.	47 PARTIDOS	2 GOLES	13 PART. TEMPORADA	1 AMARILLA	1,81
21	CRISTIAN ERBES (24)		79 PARTIDOS	2 GOLES	16 PART. TEMPORADA		
5	PABLO LEDESMA (30)		205 PARTIDOS	20 GOLES	JUGÓ EN: TALLERES CATANIA		
11	JUAN SÁNCHEZ MIÑO (24)		49 PARTIDOS	5 GOLES 3 EN ESTA TEMPORADA	ZURDO		
10	JUAN ROMÁN RIQUELME (35)		238 PARTIDOS	59 GOLES 3 EN ESTA TEMPORADA			
7	JUAN MARTÍNEZ (28)		124 PARTIDOS	28 GOLES 2 EN BOCA			
9	EMANUEL GIGLIOTTI (26)		178 PARTIDOS	67 GOLES 9 EN BOCA			

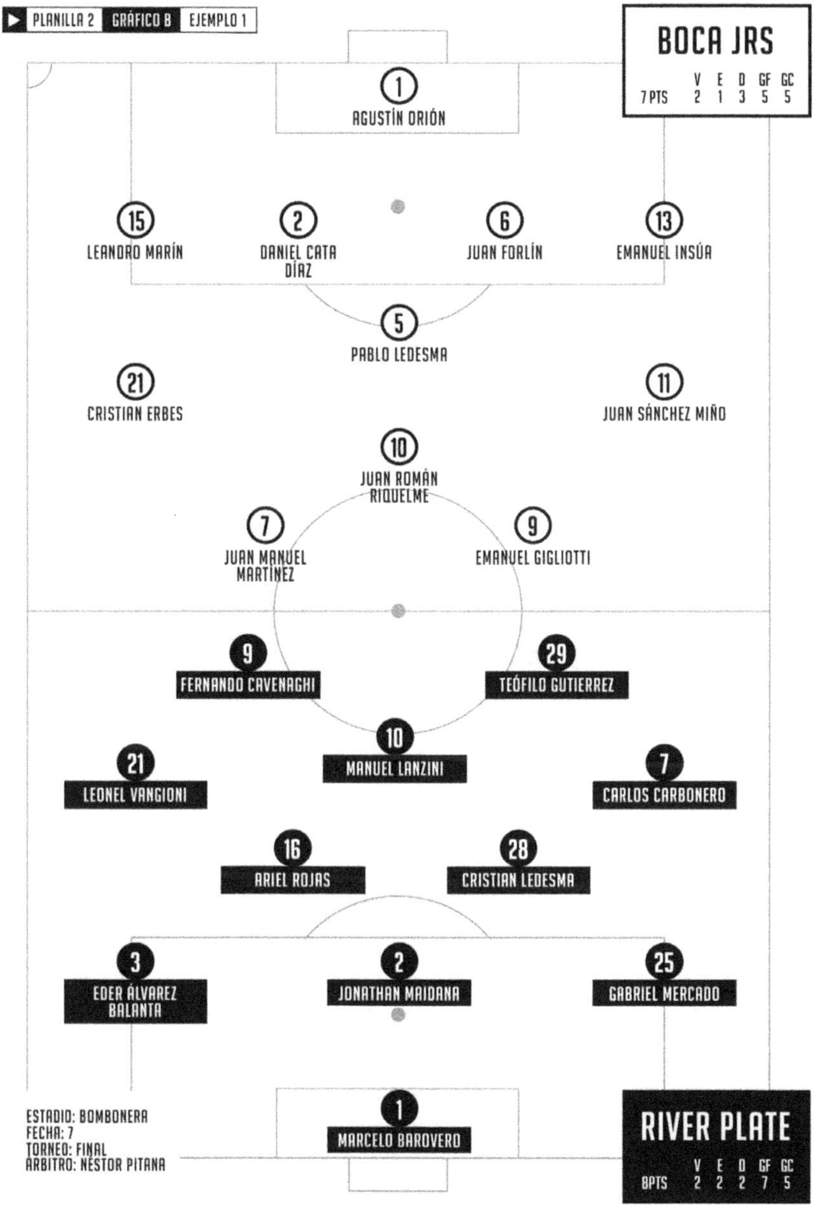

PLANILLA 2 | GRÁFICO B | EJEMPLO 1

BOCA JRS

	V	E	D	GF	GC
7 PTS	2	1	3	5	5

1 AGUSTÍN ORIÓN

15 LEANDRO MARÍN

2 DANIEL CATA DÍAZ

6 JUAN FORLÍN

13 EMANUEL INSÚA

5 PABLO LEDESMA

21 CRISTIAN ERBES

11 JUAN SÁNCHEZ MIÑO

10 JUAN ROMÁN RIQUELME

7 JUAN MANUEL MARTÍNEZ

9 EMANUEL GIGLIOTTI

9 FERNANDO CAVENAGHI

29 TEÓFILO GUTIERREZ

10 MANUEL LANZINI

21 LEONEL VANGIONI

7 CARLOS CARBONERO

16 ARIEL ROJAS

28 CRISTIAN LEDESMA

3 EDER ÁLVAREZ BALANTA

2 JONATHAN MAIDANA

25 GABRIEL MERCADO

1 MARCELO BAROVERO

ESTADIO: BOMBONERA
FECHA: 7
TORNEO: FINAL
ÁRBITRO: NÉSTOR PITANA

RIVER PLATE

	V	E	D	GF	GC
8PTS	2	2	2	7	5

PLANILLA 2 | GRÁFICO B | EJEMPLO 2

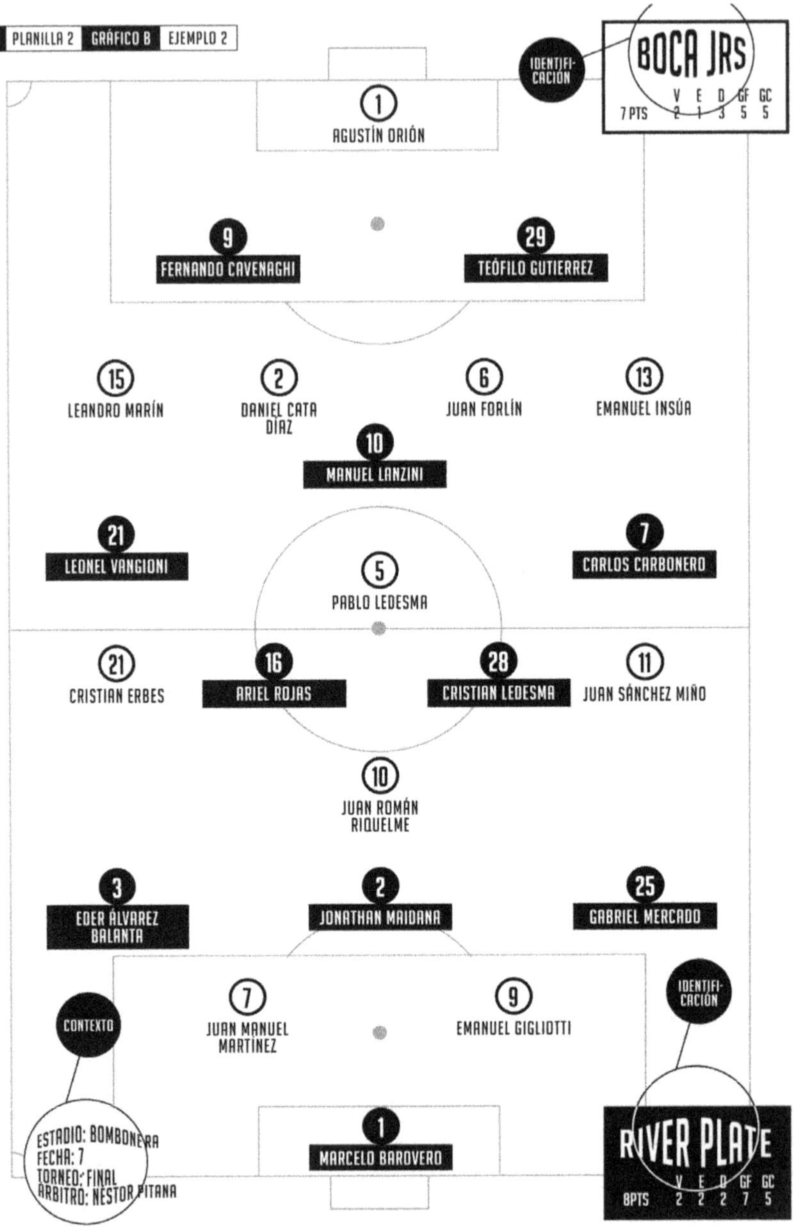

IDENTIFI-
CACIÓN

BOCA JRS

7 PTS

V	E	D	GF	GC
2	1	3	5	5

1 AGUSTÍN ORIÓN

9 FERNANDO CAVENAGHI

29 TEÓFILO GUTIERREZ

15 LEANDRO MARÍN

2 DANIEL CATA DÍAZ

6 JUAN FORLÍN

13 EMANUEL INSÚA

10 MANUEL LANZINI

21 LEONEL VANGIONI

7 CARLOS CARBONERO

5 PABLO LEDESMA

21 CRISTIAN ERBES

16 ARIEL ROJAS

28 CRISTIAN LEDESMA

11 JUAN SÁNCHEZ MIÑO

10 JUAN ROMÁN RIQUELME

3 EDER ÁLVAREZ BALANTA

2 JONATHAN MAIDANA

25 GABRIEL MERCADO

7 JUAN MANUEL MARTÍNEZ

9 EMANUEL GIGLIOTTI

IDENTIFI-
CACIÓN

CONTEXTO

ESTADIO: BOMBONERA
FECHA: 7
TORNEO: FINAL
ÁRBITRO: NÉSTOR PITANA

1 MARCELO BAROVERO

RIVER PLATE

8PTS

V	E	D	GF	GC
2	2	2	7	5

PLANILLA 3 GRÁFICO C EJEMPLO 1
TÁCTICA 4-3-1-2
BOCA JRS
CAMPAÑA
12º 7 PTS V 2 E 1 D 3 GF 5 GC 5
1 AGUSTÍN ORIÓN
15 LEANDRO MARÍN
2 DANIEL CATA DÍAZ
6 JUAN FORLÍN
13 EMANUEL INSÚA
5 PABLO LEDESMA
21 CRISTIAN ERBES
11 JUAN SÁNCHEZ MIÑO
10 JUAN ROMÁN RIQUELME
7 JUAN MANUEL MARTÍNEZ
9 EMANUEL GIGLIOTTI
ARB NÉSTOR PITANA
1RO HERNÁN MAIDANA
2DO JUAN BELATTI
4TO FEDERICO BELIGOY
12 EMANUEL TRÍPODI
4 HERNÁN GRANA
14 CLAUDIO PÉREZ
24 DIEGO RIVERO
27 DIEGO PEROTTI
17 LUCIANO ACOSTA
25 CLAUDIO RIAÑO
TORNEO FINAL
DT CARLOS BIANCHI
DT RAMÓN DÍAZ
19 LEANDRO CHICHIZOLA
20 GASTÓN PEZZELLA
11 OSMAR FERREYRA
23 LEANDRO PONZIO
17 JUAN FABBRO
8 JUAN MENSEGUEZ
30 DANIEL VILLALVA
9 FERNANDO CAVENAGHI
29 TEÓFILO GUTIERREZ
10 MANUEL LANZINI
21 LEONEL VANGIONI
7 CARLOS CARBONERO
16 ARIEL ROJAS
28 CRISTIAN LEDESMA
3 EDER ÁLVAREZ BALANTA
2 JONATHAN MAIDANA
25 GABRIEL MERCADO
1 MARCELO BAROVERO
ESTADIO: BOMBONERA
FECHA: 7
TORNEO: FINAL
ARBITRO: NÉSTOR PITANA
TÁCTICA 3-4-1-2
RIVER PLATE
8PTS V 2 E 2 D 2 GF 7 GC 5

Durante el desarrollo de las acciones, el comentarista también intervendrá de manera breve, concreta y didáctica sin olvidar la necesidad de colaborar con el televidente en la comprensión del juego. Como la imagen será compartida, es decir, ambas partes observarán lo mismo, el mensaje sorteará lo obvio para entregar un contenido explicativo y esclarecedor vinculado con las causas del suceso y no tanto con descripción ceñida de lo mostrado. Se ponderará el hecho, si es necesario hacerlo, pero se acompañará de una serie de detalles que permitan disparar una idea en quien lo reciba. Si bien, este precepto debería ser norma aplicable a cualquier instancia de comentario y bajo cualquier formato de emisión, en éste en particular será mucho más necesario por sus características.

Las jugadas puntuales se contarán apoyadas por una serie de reiteraciones surgidas de la cantidad de cámaras utilizadas. Los distintos planos entregarán una variada cantidad de imágenes para elaborar un análisis en el tiempo prudencial que dure dicha repetición al aire. La prolijidad será factor fundamental para una ordenada simbiosis entre los narradores ya que al salir esa imagen del monitor, el juego (en tiempo real) seguirá su curso y por lo tanto al no estar en cabina, la consecución del relato retomará su ritmo desde ese lugar. En maniobras de reglamento, probablemente se reciban varias tomas que intentarán confirmar o desmentir la decisión del árbitro y que, además, servirán como módulo visual para que el comentarista aplique con criterio sus conocimientos al respecto. El intento por resolver

inmediatamente dichas acciones podría conspirar contra el resultado final, por lo que convendrá ser cauto en su análisis. La confiabilidad será un aliado permanente del analista aunque el parámetro para medirla no debería depender solamente de esta clase de sucesos. El conocimiento del reglamento será innegociable para quienes desempeñen la tarea de evaluar momentos vinculados con sus reglas, pero existirán oportunidades donde la manera de exponer la acción en pantalla se hará desde un lugar inadecuado para discernirla totalmente por lo que la espera de la siguiente escena ayudará a un mejor entendimiento. Una mínima demora que de ninguna manera debería incidir en el concepto evaluativo del receptor.

El momento de definir una acción de gol también será especial para el comentarista. Una pequeña porción de conocimiento ajustado a la coyuntura del acontecimiento será entregada como devolución de lo accionado por los protagonistas. El panorama a describir se reducirá a unos minutos donde el analista contará lo sucedido con las herramientas indispensables para que la explicación cumpla con dos requisitos básicos como son la sencillez y el valor instructivo. Cumplido el grito de gol y el cierre de la maniobra por parte del relator, llegará la ocasión para describir las causas de la anotación, el armado de la jugada y sus movimientos agregando las consecuencias contextuales inmediatas claves para entender lo que vendrá a continuación. Este mensaje se emitirá mientras las repeticiones se mantengan al aire intentando culminar antes de que el balón

vuelva a ponerse en juego. Ese espacio acotado será otro impedimento que deberá sortearse para una correcta exteriorización del instante más valioso de un partido.

AGRADECIMIENTOS

El primer paso para elaborar un proyecto es creer en su importancia. Esa pequeña dosis de vanidad permitirá seguir empujando en los momentos de debilidad y no decaer cuando, durante el camino, surjan las lógicas dificultades que otorga el destino. Un libro, como fuente de conocimiento o distracción, requiere de un proceso complejo y atractivo... Y de mucha gente apoyando la aventura de su concreción.

Debo agradecer, en primer lugar, a Mauro Medvetkin, quien se animó a proponer el armado de estas líneas sin condicionamientos de ningún tipo y convencido de la posibilidad de entregar a quienes se interesen por el periodismo deportivo en general y el relato y comentario, en particular, un material hasta ahora inexistente. Además de impulsar su armado y posterior distribución, lo hizo sin presiones vinculadas con la fecha de entrega, lo que generó un plácido ambiente para desarrollar el contenido, escenario ideal para quienes somos novatos en estas cuestiones. Agradezco tu confianza.

A mi familia, especialmente a mis hijos Tomas y Juana y a mi mujer Mariana, víctimas de la ausencia de quien consumió durante meses, muchas horas de su vida frente al teclado de una computadora. Ellos fabricaron con amor y paciencia el mundo perfecto para la llegada de las ideas luego plasmadas en las hojas en blanco. Gracias por la incondicionalidad de siempre.

A mis padres Susana y Manuel, que aún en la distancia demuestran su amor incondicional, un amor inalterable por encima de cualquier imponderable.

A mi querida suegra Betty, madre de la vida, apoyo constante y ferviente admiradora de mi trabajo, de las personas más entrañables que conocí en mi vida. A mi cuñada Eugenia, hermanita de la vida, consejera permanente en las buenas y en las no tan buenas. Dos personas fieles a sus sentimientos y defensoras de los mismos aunque el enemigo les doble el tamaño.

A la memoria de mi suegro Ernesto Muñiz, genial persona y un periodista incansable... Si hasta me parece verlo con una máquina de escribir armando una crónica en el cielo con la sonrisa de un niño apasionado.

A mi tío Raúl Delgado, periodista de raza, observador agudo, generoso por naturaleza. Mentor de compartir el conocimiento, para siempre entregar la palabra justa, en el momento adecuado. Un referente, aunque, no le guste que se lo digan.

A mi tía Raquel, que desde el primer día me hizo sentir parte de su familia, acompañando cada decisión personal o profesional sin objeciones.

A mis primos Sebastián, Juan Ignacio y Pablo a quienes nos une la misma pasión por el fútbol. Una tentación inevitable cada vez que nos juntamos alrededor de una mesa.

A Ely, Bianca, Yiya y Jorgito, siempre pendientes de mi trabajo y generosos admiradores del mismo.

A María Esther, colaboradora permanente en la vida de mi familia y una pieza importante para la armonía cotidiana.

A mis amigos Chino Outon, Sandra, Pitu, Daniela, Debora D'Amato, María, Gaby Mambretti, María Paula y Diego; cada uno llegó a mi vida por caminos diferentes pero con la misión de cambiarla para siempre, estar bajo cualquier circunstancia y, a pesar de mi acotada reciprocidad, es un tesoro invalorable. Gracias por la magia.

A Fernando Pacini admirado, respetado, referente del comentario futbolero. Sus valores de vida, antinaturales para la época, derivaron en una rápida afirmativa al momento de convocarlo para el prólogo, el cual escribió con una bondad que ruboriza.

A Fabio Prieto, Nano García y Fernando Riesco directores de cámaras de Torneos y generosos profesionales a la hora de compartir sus conocimientos. Ellos más que nadi, conocen el trabajo en equipo y fueron los encargados de difundirlo a cada pregunta realizada. Gracias por la ayuda desinteresada.

A Roxana Malek, futbolera, inteligente, asesora de lujo en cuestiones de gráfica en televisión. Gracias Rusa por tus conocimientos.

A Alejandro Uriona, compañero fiel en los cursos de relato y comentario, gran relator y una persona gigante de corazón.

A Pablo Giralt, Walter Saavedra, Diego Chavo Fucks y Walter Vargas quienes aportaron su experiencia y capacidad en columnas lujosas. Gracias por responder con celeridad al pedido de escribirlas y a hacerme sentir su permanente respeto.

A la Licenciada Debora Gutkin, la fonoaudióloga más prestigiosa del país, quien aceptó participar del libro con una extremada humildad y con la pasión de quien verdaderamente ama su trabajo. Gracias Mariel Di Lenarda por presentármela.

A quienes incidieron en mi formación profesional: Saul Rabin, Ernesto Gallardo, Vito Amalfitano, Franco Bagnato, Hernán Serio, Juan Carlos Morales, Horacio García Blanco, Daniel Cacioli, Enrique Macaya Marquez, Fernando Niembro, Marcelo Araujo, Gonzalo Bonadeo, Mariano Closs, Paulo Vilouta, Walter Nelson, Alejandro Fabbri, Gustavo Cima, Fernando Pacini, Martín Liberman, Eduardo Ramenzoni y José Jozami. Mi agradecimiento eterno.

A mis colegas y amigos: Juan Carlos Pasman, Diego Latorre, Julián Bricco, Juanjo Buscalia, Martin Perazzo, Pablo Bari y Juan Manuel Pons.

A mis compañeros en Directv Sports, quienes generan todos los días un fantástico clima de trabajo.

A mis alumnos, receptores de la experiencia transmitida con extremado respeto y entusiasmo. Verlos crecer profesionalmente, cada día, me enorgullece.

A mi abuela Juana, quien me protegerá de por vida.

BIBLIOGRAFÍA CONSULTADA

Roffé, Marcelo; Rivas, Claudia (2013) *El Partido Mental en 400 frases y 45 temas.* Buenos Aires, Argentina: Editorial Lugar.

Cano Moreno, Oscar P. (2012) *El Modelo de Juego del FC Barcelona.* España: MC Sports.

Marina, José Antonio (2006) *Aprender a convivir* España: Ariel.

Sebreli, Juan José (2005) *La Era del fútbol.* Argentina: Debolsillo.

Alabarces, Pablo; Duek, Carolina (2010) Fútbol (argentino) por TV: entre el espectáculo de masas, el monopolio y el estado. *Logos 17 (2).*

López, Andrés; López, Mariano H. (2011) Primeros apuntes de la historia del periodismo deportivo en Argentina. Recuperado de: http://www.perio.unlp.edu.ar/pd/sites/perio.unlp.edu.ar.pd/files/archivos/file/apunte_historia_perio_dep_arg.pdf

Souessia, Eduardo (1996) Apuntes de Periodismo radial. Recuperado de: http://biblio2.mdp.edu.ar/cgi-bin/koha/opac-detail.pl?biblionumber=9493

Zamora Acosta, Elías (2002) Fútbol y Televisión: Cultura de masas y mediaciones en el Capitalismo Avanzado. Recuperado de: http://personal.us.es/ezamora/CV_Web_Documentos/Futbol%20y%20Television.pdf

Entrevista a Walter Saavedra realizada por el Diario de Paraná, 1 de julio de 2011.

Entrevista realizada a Juan Saturain por el sitio web Narrativa Radial, 27 de septiembre de 2013.

SOBRE EL AUTOR

Fabián Godoy, periodista y comentarista deportivo especializado en fútbol. Nacido en Madrid (España) en 1974. Vivió en Mar del Plata donde cursó periodismo deportivo en Deportea. En esa ciudad trabajó en diario La Capital y radio LU6 Atlántica.

Actualmente se desempeña como comentarista de fútbol, conductor y panelista en programas de DirecTV Sports. En televisión participó en Fútbol de Primera, Noticiero Central Fox. También ha sido parte de transmisiones de TyC Sports, TNT Sports, Canal 13, Canal 7 y América TV. En radio integró equipos de Radio Nacional ("Selección Nacional" con Horacio García Blanco y Juan Carlos Morales) y La Red ("De una con Niembro" con Fernando Niembro, "Todos con Macaya" con Enrique Macaya Marquez, "Araujo de primera" con Marcelo Araujo, "Un buen momento" con Mariano Closs, "De una" con Martín Liberman). También fue columnista de "El exprimidor" con Ari Paluch y de "Uno por la mañana" con Freddy Villarreal.

Ha cubierto eventos como: Juegos Olímpicos, Mundiales juveniles y de mayores, Eliminatorias sudamericanas, Copa América, Copa Sudamericana, y Copa Libertadores.

Dicta cursos y seminarios de relato y comentario.

www.ingramcontent.com/pod-product-compliance
Ingram Content Group UK Ltd.
Pitfield, Milton Keynes, MK11 3LW, UK
UKHW021913190726
13853UKWH00002B/646